청춘이 묻고
삼성이 답하다
열정樂서

청춘이 묻고
삼성이 답하다

삼성그룹 커뮤니케이션팀 지음

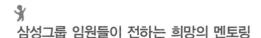

삼성그룹 임원들이 전하는 희망의 멘토링

휴먼큐브

보다 뜨겁게, 보다 즐겁게
땀 흘리는 젊음을 위한 희망 메시지!

2011년을 뜨겁게 달군 〈열정樂서〉 프로젝트

◨

2011년 대한민국 청춘의 가슴을 뜨겁게 만든 사건이 있었습니다. 바로 토크 콘서트 〈열정樂서〉입니다.

2011년 10월부터 12월까지 서울, 부산, 광주 등 전국 주요 도시에서 12차례 열린 2011 〈열정樂서〉, 내일을 향해 도전하는 젊은이와 몇 십 년 앞서 같은 길을 걸어온 인생 선배가 만나 서로의 꿈과 고민을 나누는 장으로 마련되었습니다(2012 〈열정樂서〉는 올해 2월 시작, 연말까지

24차례 열릴 예정입니다).

삼성그룹은 '청춘'과 '열정'이라는 키워드 아래 〈열정樂서〉를 기획했습니다. 미래를 고민하는 청춘에게 조금이나마 힘이 되고 싶었고, 청춘과 함께 고민하여 더 나은 내일을 만들고 싶었습니다. 그렇게 시작한 〈열정樂서〉 현장에 2만여 명의 청춘이 찾아와 자신의 마음속 깊은 열정을 확인할 수 있었습니다.

〈열정樂서〉는 단순히 '성공 노하우'를 전하는 공간이 아닙니다. 선배들 역시 지금의 자리에 오르기까지 실패와 좌절의 순간이 있었고 노력을 통해 이를 극복했다는 '리얼 스토리'를 전함으로써 청춘이 스스로 자신의 가능성과 열정을 발견하게끔 하는 장이 바로 〈열정樂서〉인 것입니다.

답은 바로 우리 안에 있다

◻

길을 묻는 청춘에게, 미래를 고민하는 사람들에게 최고는 아닐지라도 최선의 답을 제시하기 위해 저희는 고민했습니다. 이 스토리를 들려줄 수 있는 사람을 어디서 찾아야 할까, 〈열정樂서〉는 가까운 곳에서 그분들을 찾았습니다.

바로 대한민국 대표 기업 삼성을 이끌고 있는 CEO와 임원들이었습니다. 수많은 실패와 좌절을 겪으며 지금의 자리에 올랐고, 다양한 의사 결정 상황에서 합리적이고 신속한 선택을 해야 하는 이들이야말로 청춘에게 가장 생생한 이야기를 전해줄 수 있는 사람들이라고 생각했습니다. 이는 〈열정樂서〉가 세상의 수많은 토크 콘서트와 가장 차별되는 부분이기도 합니다.

저희는 강연이 거듭될수록 멘토의 진심 어린 메시지가 청춘 한 사람 한 사람의 희망과 가능성을 찾아주는 것을 보았습니다. 멘토들이 이론과 방법을 소개하지는 않습니다. 하지만 자신의 '스토리'를 나눔으로써 청춘에게 작게나마 길을 터주는 것이 〈열정樂서〉를 기획하고 진행한 가장 큰 보람이라고 생각합니다.

포기하지 말자, 체념하지 말자, 하면 된다!

■

이 책은 지난해 〈열정樂서〉에서 삼성 그룹을 이끄는 멘토 8인이 청춘과 나눈 '현재진행형'의 생각과 고민을 담았습니다. 모쪼록 이 책이 꿈을 가진 청춘에게 올바른 이정표가 되길 바랍니다.

21세기 대한민국을 이끌 청춘이 이 책을 읽고 자신의 숨은 열정을 찾을 수 있다면 더 바랄 것이 없습니다. 인생에 정답은 없습니다. 각자의 열정을 확인하고 자신의 미래에 대한 큰 그림을 그릴 수 있으면 좋겠습니다.

감사합니다.

2012년 5월
삼성그룹 커뮤니케이션팀

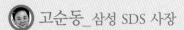

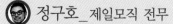

강태진

소속 삼성전자 미디어솔루션 센터 전무
학력 토론토 대학교 대학원 컴퓨터과학, 심리학 석사
경력 KT 서비스 육성실 전무, 한글과컴퓨터 부사장, 씽크프리 대표

최초의 한글 워드프로세서 '한글프로세서 3'을 만든 전설적인 인물이다. 1983년 한글프로세서 3을 개발하며 소프트웨어 사업에 뛰어들었다. 1999년 혁신적인 아이디어와 기술로 무장하고 실리콘밸리에서 씽크프리ThinkFree를 창업했다. 2006년에는《PC 월드》로부터 월드클래스 상을 받았고, 2007년에는 구글 독스를 제치고《컴퓨터월드》가 뽑은 최고의 온라인 오피스로 선정되었다. 당시《타임》지는 씽크프리를 50개의 최고 웹사이트 가운데 하나로 선정하기도 했다. 2008년에 발간된 브래들리 존스Bradley L. Jones의 유명한 저서《웹 2.0 히어로》에 나오는 주인공 20명 중 한 명이 강태진이라는 것은 이미 널리 알려져 있다. 25년간 벤처사업가로 IT 영역을 개척해왔고 이제는 PC를 넘어 스마트폰 운영체제에 도전하는 그가 청춘들에게 '꽂히는 대로 사는 인생'의 즐거움을 전한다.

꽂히는 게 있는가?
그것이 바로 목표다

□

'멘토'라고 불리는 사람 중에 저같이 아무 계획도 전략도 없이 살아왔던 사람은 별로 없을 거라고 생각합니다. 저와 반대로 대학교에 다닐 때부터 '1년 후에는 어떻게 하고, 3년 후에는 어떻게 하고, 10년 후에는 어떻게 할 거야'라고 하면서 미래를 준비했던 친구들이 있습니다. 그리고 그렇게 열심히 준비하고 노력한 덕분에 잘된 친구가 많습니다. 그 친구들에 비하면 저는 정말 목표가 막연했습니다. 그래서 저 같은 사람을 멘토라고 불러준 이유는 아마도 책을 읽을 여러분 중에 있을 저 같은 이들을 위해서가 아닌가 싶습니다. 이 나이가 되도록 아직도 이다음에 커서 뭐가 될지 잘 모르는 사람도 지금 잘 살고 있고, 또 사회에서 나름대로 역할을 하고 있다는 것을 아셨으면 좋겠습니다.

저는 인생의 목표는 없었지만 언제나 꽂히는 일들이 있었습니다. 어떤 일에 재미를 느끼면 무조건 재미있는 쪽으로 갔습니다. 살아온 나날을 돌이켜보면 항상 그랬습니다. 열여섯 살 때 부모님과 캐나다로 이민을 가서 10대 후반부터 20대까지 캐나다에서 보냈고, 30대에는 한국에 돌아와 사업을 했고, 40대에는 미국에 회사를 만들어 실리콘밸리에서 일했습니다. 그리고 지금 50대에는 한국에서 IT와 관련된 일을 하며 살고 있습니다. 이 과정에는 어떤 계획도 없었습니다.

대학교 때부터 말씀드리자면, 원래는 학교에서 심리학과 컴퓨터를 복수 전공했습니다. 어떻게 하면 컴퓨터를 사람같이 생각하게 만들지를 고민하는 인공지능 분야에 관심이 있었습니다. 컴퓨터 소프트웨어를 무척 좋아해서 소프트웨어를 만들다가 사흘 밤낮을 꼬박 새운 적도 있었습니다. 재미가 있다 보니 작업 중에 기절하는 경우는 있었어도 졸지는 않았습니다.

그런데 학교 공부만 한 것이 아니라 중간에 연극에 미쳐서 대학원 다닐 때는 연극 연출까지 하면서 시간을 보냈습니다. 덕분에 남들은 1년이면 끝내는 석사과정을 5년이나 다녀서 마쳤

강
태
진

습니다. 다행히 연출했던 연극이 흥행에 성공했습니다. 캐나다에서 한국적인 소재를 가지고 해금을 켜고 장구를 쳤는데, 토론토 연극제에 초청도 받았고 그 공연은 2주 동안 티켓이 매진될 정도로 인기를 끌었습니다. 그러다가 또 수업에 안 들어가고 춤에 미친 적도 있습니다. 학점은 당연히 엉망이었습니다. 막판에는 사업을 하기로 마음먹고 공부를 마치기도 전에 회사를 만들다 보니 박사 학위는 못 받고 마쳤습니다.

대학원을 다니며 시작한 것이 소프트웨어 사업이었는데, 역시 계획하고 시작한 것은 아니었습니다. 사업을 대학교 4학년 때 결심했는데, 스티브 잡스Steve Jobs가 애플 II라는 컴퓨터로 히트를 쳤던 시기였습니다. 그런데 그 컴퓨터에서는 한글을 쓸 수가 없었습니다. 그래서 친구들과 밥을 먹으면서 한글이 나오게 하려면 어떻게 해야 할까 궁리했습니다. 그러다가 지금 우리가 컴퓨터에서 한글을 쓸 때 사용하는 한글 자동 모아쓰기 기능, 즉 'ㄱ, ㅏ, ㄴ, ㅏ'라고 치면 '가나'가 되고, 'ㄱ, ㅏ, ㄴ' 바로 뒤에 'ㅏ' 대신 'ㄷ'을 치면 'ㄴ'이 받침이 되고 'ㄷ'이 그다음 음절의 초성이 되는 알고리즘을 우연히 발견했습니다. 그것이 계기가 되어서 1983년에 한글을 쓰는 최초의 워드 프로세서를 만들었고, 이후로 계속 컴퓨터 소프트웨어 사업을 하게 되었습니다. 그 후 이런 사업을 한번 제대로 해보고 싶어져서 1988년 올림픽 참관을 핑계로 한국에 왔고, 1989년에 회사를 차리고 사업을 시작했습니다. 그때만 해도 한국의 소프트웨어 산업은 블루오션이어서 회사를 시작하기에 좋다고 생각했습니다.

개중에는 재미를 어떻게 찾아야 할지 고민하는 분도 분명히 있을 것입니다. 제가 말하는 재미는 단순히 몇 날 며칠을 심심하지 않게 보낼 흥밋거리를 뜻하는 것이 아닙니다. 바로 자신의 열정을 다해 덤벼들 수 있는 무엇을 말씀드리는 것인데, 사실 그것을 발견하기가 쉬운 일은 아닙니다. 그래서 좀 더 실질적으로 조언을 드리겠습니다. 본인의 전공이라든지 주로 관심을 두는 분야가 있기 마련이지만, 어떤 한 방향에만 집중해서 계속 그 안에서만 찾으려고 하면 한계에 부딪히기 쉽습니다. 더 좋지 않은 것은, 사실은 자신에게 정말 어울리는 분야도 아닌데 그냥 익숙하니까, 해왔으니까 같은 길만 바라보는 경우입니다. 그것은 자신이 만날 수 있는 기회를 제한하는 것이 아닐까요? 당장 자신에게 연

강
태
진

관된 분야에만 몰입하지 말고, 주변에서 보고 접하는 모든 일에 호기심을 가지라는 점을 당부하고 싶습니다.

제 전공은 컴퓨터와 심리학이었기에 한글은 한국인이라는 사실을 제외하면 저와 특별한 관계가 없었습니다. 그리고 저 스스로는 캐나다에서 공부를 했으니까 솔직히 영어로 소프트웨어를 써도 별로 불편하지 않았습니다. 하지만 제가 편하고 불편한 것과는 별개로 컴퓨터에서 한글을 쓸 수 있으면 재미있겠다는 생각이 들었습니다. 그래서 연구를 했고, 실제로 한글에 대해 공부하는 것이 즐거웠습니다. 만약에 한글을 나와 관계없는 분야라고 생각했으면 군이 그렇게 파고들어 무엇인가 만들려는 생각을 하지 않았을 것입니다. 여러분도 조금 더 시야를 넓혀서 자신과 상관없어 보이지만 그래도 한번 해보면 재미있겠다 싶은 것에 눈길을 주고, '저것은 무엇일까, 저것은 왜 안 될까' 하면서 도전해보기 바랍니다. 그러면 지금 당장의 관심사보다 재미있는 어떤 것을 만날 수 있을 것입니다.

제가 40대에는 미국에서 사업을 했다고 말씀드렸습니다. 그 당시 인터넷 붐이 일면서 실리콘밸리에 많은 회사가 생겼으니

저는 인생의 목표는 없었지만
언제나 꽂히는 일들이 있었습니다.

어떤 일에 재미를 느끼면
무조건 재미있는 쪽으로 갔습니다.

다. 그 속에서 창업한 회사가 씽크프리입니다. 그 회사를 만들며 구상했던 것이 지금 나와 있는 구글 독스 같은 소프트웨어라고 생각하면 될 듯합니다. 워드·엑셀·파워포인트 등의 프로그램을 PC에 설치하지 않고 인터넷에 들어가서 웹 주소를 치면 바로 프로그램이 실행되도록 만들어보자는 아이디어였는데, 요즘 말하는 클라우드 컴퓨팅인 셈입니다. 지금 생각하면 특별할 것이 없지만, 10년도 더 된 이야기이니까 당시에는 흔한 접근은 아니었습니다.

처음에는 미국, 일본, 한국 각지의 창업투자사로부터 240억 원 정도 투자를 받았습니다. 아이디어가 생소했기 때문인지 미국 언론에서 신기하게 생각하여 많이 기사화되었습니다. 《포춘》이라는 유명한 잡지에 사진도 나가고, 미국의 3대 방송사 중 하나인 ABC 뉴스에도 출연했습니다. 마이크로소프트 사의 스티브 발머Steve Ballmer가 모 잡지와 인터뷰하면서 마이크로소프트의 잠재 위협 1위는 리눅스이고 2위는 씽크프리 같은 회사라고 해서 유명해졌던 적도 있었습니다.

그런데 이후로 회사가 잘 안 되었습니다. 인터넷 붐이 불었다가 거품이 꺼지면서 인터넷 관련 회사 대부분이 어려움을 겪었습니다. 씽크프리도 당시 직원이 실리콘밸리에 40명, 한국에 100명, 도쿄에 5명 정도 있었는데, 그중 절반 이상을 감원하면서 굉장히 힘든 시간을 보내야만 했습니다.

그때는 가족이 미국에 살고 있었고, 저는 미국과 한국을 왔다 갔다 할 때였습니다. 회사가 어렵다 보니 2002년쯤에는 한 1년 동안 집에 월급을 가져가지 못했습니다. 차를 팔고 신용카드 다섯 장으로 버티면서 집사람과 두 아이가 1년을 살았습니다. 일이 안 되려니까 별일이 다 있었습니다. 당시 서울에 집이 한 채 있었는데, 가족은 미국에 있고 저만 그 집에서 한 달에 절반 정도를 생활했습니다.

빈집을 그냥 놔두는 것보다 그 자리에 다세대주택을 지어 임대료를 받는 것이 낫겠다 싶어 재건축을 했습니다. 그런데 골조 공사까지 마치고 나서 돈이 떨어진 것입니다. 그래서 건축이 중단되었습니다. 있던 집이 없어진 데다가 공사가 끝나지 않았기 때문에 집을 담보로 은행 융자도 못 받는 상황이 되었습니다. 궁여지책으로 짓고 있는 집 지하에다 조그맣게 방을 만들어 몇 달 동안 살 수밖에 없었습니다.

그 시기에는 끝이 안 보이는 터널에 들어가 있는 것 같았습니다. 기술의 발전이 생각보다 너무 느렸습니다. 우리가 인터넷 기술을 말할 때 브로드밴드니 초고속 인터넷이라는 이야기를 합니다. 우리나라는 그 초고속 인터넷이 무척 빨리 퍼졌는데 미국은 그렇지 못했습니다. 제 사업이 미국에서 실패했던 가장 큰 원인이 인터넷망이 충분히 퍼져 있지 않았기 때문입니다. 인프라가 갖춰지지 못하다 보니 처음에 생각했던 서비스가 잘될 수가 없었습니다. 그런데 인프라라는 것은 개인이 통제할 수 있는 영역 바깥의 일이기 때문에 언제 바뀔지 막막했고, 투자받았던 것은 다 떨어져 가는데 집조차 없는 정말 어려운 시기였습니다.

사실 20년 동안 사업하면서 그런 위기를 몇 번이나 겪었습니다. 그러다 보니 사장 하기 싫다는 생각도 들었습니다. 한번은 사업을 하던 중간에 운영하던 회사가 다른 회사에 인수되어 그 회사에서 직원으로 일한 때가 있었습니다. 처음으로 월급을 받아보니 월급을 받는다는 것이 신기했습니다. 전에는 월급날이 되면 직원들 월급 줄 생각으로 스트레스가 엄청 많았는데, 그런 고민을 할 필요 없이 은행 통장에 돈이 들어와 있으니 기분이 꽤

찮았습니다.

　　사장보다는 직원이 낫겠다 싶어서 그때 집사람한테 내가
또 사업을 하겠다고 하면 당신이 말려달라고 했습니다만, 몇 년
있다가 또다시 사업을 시작하고 말았습니다. 집사람도 저를 말리
지 못했던 것입니다.

강
태
진

재미만으로 안 될 것 같다고?
그럼 의미를 찾아봐

☐

제가 다른 것은 다 참아도 심심하고 무기력한 것은 못 참는 성격입니다. 그래서인지 그렇게 고생을 하면서 한참 사업이 안 될 때 차를 몰고 한강에 가서 이대로 죽어버릴까 생각할 만큼 힘든 시간을 보낸 후에도 또다시 도전을 했습니다. 집사람이 저를 만나서 행복했는지는 잘 모르겠습니다. 사업 실패를 워낙 많이 했으니까요. 그런데 한 가지 인정하는 것은, 저를 만나서 인생이 심심하지는 않았다고 합니다. 그것이 좋은 의미인지는 모르겠지만요.

재미있는 일을 하는 것이 좋은 이유는, 누가 시키지 않아도 재미있으니까 자꾸 그 분야를 깊이 파고들게 되고, 자연히 그것에 대해 잘 알게 되니까 좋은 결과를 만들어낼 수 있다는 것입니다. 다만 여기에 한 가지 더 말씀드리자면, 어떤 일을 더 집중적으로 하려면 재미만이 아니라 의미도 있어야 한다는 것입니다. 일을 하면서 좀 싫증 날 것 같을 때가 있습니다. 저는 그럴 때 처음에는 '내가 왜 이 일을 했지?', '내가 하고 있는 일이 나한테 어떤 의미를 갖지?' 하고 생각해봅니다. 그러다가 '이 일이 내 주변 사람들을, 아니면 인류 역사의 흐름을 바꿀지도 몰라' 하고 상상도 해보면서 재미와 의미를 같이 찾아왔습니다.

씽크프리에서 일하면서도 의미에 대해 많이 생각했습니다. 소프트웨어를 간편하게, 누구나 쉽게 쓸 수 있도록 만들면 분명 세상에 조금 더 큰 역할을 할 수 있을 거라고 스스로 의미를 부여하곤 했습니다. 그리고 돌이켜보면 일에서 의미를 찾으려는 마음이 지금까지 힘든 시간 저를 지탱해준 것 같습니다. 사실 진짜 힘들고 어려울 때는 재미가 없습니다. 지나고 나면 재미있었던 것 같긴 하지만요. 그런데 그 순간은 재미가 없습니다. 하지만 의미를 되새기면서 '내가 왜 이 일을 했지?' 하면 포기하지 않을 수 있는 힘이 생기고, 그 힘을 받아 계속 전진할 수 있습니다.

강
태
진

무계획 인생이
꿈꾸는 기분 좋은 우연

□

요즘 저는 삼성전자에서 콘텐츠 플래닝팀, 콘텐츠 기획팀 팀장으로 일하고 있습니다. 거기서 하는 여러 가지 일 중 최근에 가장 많이 생각하는 것이 '세렌디피티Serendipity'라는 개념입니다. 이 말은 예전에 나온 영화 제목이기도 합니다. 영화 내용은 이렇습니다. 어떤 남녀가 우연히 만났는데 서로 호감을 갖습니다. 하지만 그것만으로는 부족하다 싶었는지, 이 관계가 잠깐 스쳐 지나가는 우연인지 진짜 인연인지 시험합니다. 길에서 책을 한 권 사서 한 사람의 전화번호만 쓴 다음에 그 책을 지나가는 아무한테나 줍니다. 책이 돌고 돌아 상대방의 손에 들어와서 그 전화번호를 보고 서로 연락할 수 있게 되면 인연이 맞는 것으로 생각하자고 약속하는 이야기를 다룬 우연과 필연에 관한 영화입니다.

영화에 나왔듯이 세렌디피티라는 단어의 사전적 의미는 '기분 좋은 우연', 다시 말해 계획하지 않고 했는데 나중에 지나고 보니까 '어, 이거 괜찮네?' 하는 생각이 드는 것을 말합니다. 예를 들어 처음에 목적은 그게 아니었는데 하다 보니까 무언가 괜찮은 것을 발견했다든지, 더 좋은 무엇을 만들어냈다든지 하는 것을 세렌디피티라고 합니다. 그 세렌디피티를 기계적으로, 소프트웨어적으로 만들어볼 수는 없을까 고민하고 있습니다. 구글의 전 CEO였고 지금은 회장으로 있는 에릭 슈미트Eric Schmidt는 어느 컨퍼런스에서 "구글의 미래는 검색에서 세렌디피티로 움직이는 데에 있다"라는 말을 하기도 했습니다.

검색과 세렌디피티의 차이를 설명하자면, 검색은 내가 뭘 모르는지 알 때 유용합니다. '이게 뭐지?', '이거 어디 있지?' 하고 물어보면 잘 가르쳐줍니다. 그런데 내가 뭘 모르는지, 뭘 필요로 하는지 모를 때는 검색을 하기 힘듭니다. 그냥 막연히 심심하거나 낯선 도시에 출장을 왔는데 저녁에 뭘 하면 좋을지 모르는 상황 같은 때가 그렇습니다. 그럴 때 요술 방망이처럼 휴대전화를 꺼내 한번 흔들어보면 답을 제시해주는 것이 세렌디피티입니다.

자신이 재미있는 것,
꽂히는 것,

누가 시켜서가 아니라
스스로 안 하면
정말 못 견딜 것 같은 일을
찾아야 합니다

예를 들어 인디밴드를 좋아하는 어떤 사람이 있다고 가정해봅시다. 그 사람이 낯선 지역에 왔는데 그곳에 인디밴드 공연장이 있는지조차 몰랐고 찾을 생각도 안 했습니다. 그런데 세렌디피티가 거기서 인디밴드 록페스티벌이 열리고 있다는 사실을 가르쳐주는 것입니다.

어떻게 생각할지 모르겠지만, 이 개념은 기존의 기술과는 차별화되는 감성적이고 인간적인 측면이 있습니다. 사회가 요구해서 기계적으로 무엇을 만들어내는 것이 아니라 인간의 자유로운 생각과 가능성에 초점을 맞춘 접근이기 때문입니다.

필요에 따라 검색을 하고 정보를 얻는 경우도 있지만, 사람이 항상 정확하게 자기 삶의 방향을 알고 원하는 정보가 확실히 무엇인지 인지하고 살지는 않습니다. 삶의 여백이나 예측을 뛰어넘는 우연, 인간의 무의식 같은 부분에 세렌디피티 서비스가 도움을 줄 수 있습니다. 그리고 그런 부분에서 기존에 기대할 수 없었던 가능성이 새롭게 생겨난다고 봅니다. 목표가 고정되어 있고 행동이 예측 가능한 상황에서는 목적하는 바에 정확하게 도달할 수 있을지 몰라도 한계가 있습니다. 하지만 약간 불명확하더라도 다양한 선택이 열려 있고 무엇이든 일어날 수 있는 환경이면, 한계를 넘어선 새로운 일들이 얼마든지 벌어질 수 있다고 봅니다. 더 재미있기도 하고요.

　　실제 구현하는 데에서 세렌디피티가 허황되지 않은 접근이라고 생각하는 이유는 정보를 습득하는 주 디바이스가 PC에서 점점 스마트폰으로 바뀌고 있다는 것입니다. 많은 사람이 검색을 하건 무엇을 하건 간에 PC에 가서 하기보다 스마트폰을 갖고 있는 경우에는 스마트폰을 이용합니다. 그리고 스마트폰으로 쇼핑, 영화 감상, 음악 청취 등 모든 일을 하는 것이 가능하니까 스마트폰이 사용자가 하는 모든 것을 알고 있습니다. 사용자가 어떤 성향을 가졌는지 파악할 수 있는 것입니다. 또 PC는 내가 사용할 수도 있지만 다른 사람이 사용할 수도 있습니다. 그렇기 때문에 PC에서 일어나는 일을 다 기록하더라도 이것이 그 사람 것인지 그 PC를 쓰는 다른 사람 것인지 알기가 힘든데, 스마트폰은 그렇지 않습니다. 스마트폰은 개인화된 디바이스이기 때문에 정확히 그 사람이 누구와 주로 연락하는지, 어떤 패션을 좋아하는지, 취미는 대략 무엇인지 다 알 수 있습니다.

　　페이스북이 구글에 비하면 매출이 적음에도 구글에 위협

적인 회사라고 인식되는 까닭은, 페이스북이 로그인을 필요로 하는 서비스이기 때문입니다. 소셜 네트워크 서비스라 내가 누구인지 알아야 하니까 언제나 기본적으로 로그인을 해야 합니다. 구글이나 네이버 검색은 로그인 없이 쓸 수 있는 서비스입니다. 그렇기 때문에 어떤 사용자가 한 번 쓰고 다음에 또 들어갔을 때 그전에 무엇을 했는지 알 수 없습니다. 반면 페이스북은 로그인을 한 상태에서 쓰기 때문에 알 수 있습니다. 이렇게 축적된 정보를 토대로 마치 사용자의 마음을 읽듯이 물어보기 전에 필요한 정보를 가르쳐주고 알맞은 웹페이지를 제공하는 것이 가능합니다.

이것은 마케팅 차원에서도 중요한 역할을 할 수 있습니다. 온라인 쇼핑몰은 대한민국 사람 누가 들어가든지 전부 똑같은 홈페이지를 보여줍니다. 세렌디피티 엔진이 있으면 어떤 홈페이지에 들어갔을 때 사용자가 최근에 관심을 가진 것이 무엇인지를 알기 때문에 그 사람에게 맞는 페이지를 제공합니다. 어떤 사람이 어그부츠를 사려고 여기저기 돌아다니고 있었는데, 어느 쇼핑몰에 들어가니 바로 홈페이지 메인 화면에 어그부츠가 나왔습니다. 그러면 그곳에서 어그부츠를 살 확률은 매우 높습니다. 무엇인가를 찾기 위해 한 번씩 클릭을 더 할 때마다 사용자가 50퍼센트씩 떨어져나간다는 통계가 있습니다. 그러니까 바로 메인 화면에 노출되면 그 상품을 살 확률이 몇 번씩 검색한 끝에 구매할 확률보다 훨씬 높습니다. 인터넷 신문을 볼 때도 광고가 뜰 때 아무 배너나 뜨는 것이 아니라 독자 개개인이 관심 있어 하는 광고를 보여주면 광고효과가 훨씬 뛰어날 것입니다. 이런 장점에 주목해 세렌디피티 엔진, 세렌디피티 플랫폼 서비스를 만들어보려고 준비하고 있습니다.

유일한 전략,
남들과 똑같아지지 않을 것
□

이제껏 전략 없이 살았다고 말씀드렸는데 그래도 돌이켜 생각해 보면 전략이 있긴 있었던 것 같습니다. 남들과 똑같은 굴레 안에 들어가지 않으려고 했던 것이 제 전략이라면 유일한 전략이었습니다. 이를테면 다들 인맥 관리가 중요하다고 합니다. 저는 게을러서도 그렇지만 인맥 관리 같은 것을 정말 못합니다. 초등학교 졸업한 이후로 한 번도 크리스마스카드나 연하장을 보내본 적이 없습니다. 받기는 좀 받는데 답장을 보내지 않으니까 대개 1~2년 지나면 연하장이 다 끊어집니다. 운동도 그렇습니다. 주변 사람들 보면 골프 같은 운동을 처음 시작할 때 온갖 영상을 보고 관련된 책을 몇 권씩 사서 읽고 연습하며 친구도 사귀고 하는데, 저는 그런 것 잘 못합니다. 남들이 다 하고 누구나 하려고 하는 일

강
태
진

에는 오히려 무심한 부분이 많습니다. 물론 주변 사람과의 관계는 대단히 중요합니다. 세상에는 혼자서 할 수 있는 일이 별로 없기 때문입니다. 하지만 본인이 좋아한다면 몰라도, 그렇지도 않은 일에 일부러 신경을 쓰고 인맥 관리나 골프 등을 하면서 굳이 관계를 만들어가려고 노력할 필요는 없다고 생각합니다.

다만 그러면서도 주변 사람들을 어떻게 하면 행복하게 해줄 수 있을까 하는 고민은 해야 합니다. 스스로가 좋아하는 일을 찾고 활력 있는 모습을 보이면 곁에 있는 사람들에게 전염이 됩니다. 우울한 사람 옆에 있으면 우울해지고 힘이 넘치는 사람 옆에 있으면 힘이 나는 것과 같은 이치입니다. 정말 열정을 갖고 즐겁게 살아가면 주변 사람들도 비슷하게 느낍니다. 그러면서 공감대가 형성되고 일부러 관리하지 않아도 자연스럽게 함께 나갈 수 있는 관계가 만들어집니다. 그러니까 관계를 만들어갈 때도 무엇을 억지로 맞추기보다는 자신이 좋아하는 것을 하면서 열정을 발산하자는 뜻입니다.

어려서부터 저는 그런 마음으로 살아온 것 같습니다. 초등학교 2학년 때부터 첼로를 배웠는데, 어머니가 처음에는 바이

올린을 배우게 하려고 하셨습니다. 그런데 학원에 가서 보니까 다른 애들은 다 바이올린을 하는데 아무도 하지 않는 첼로가 딱 한 대 놓여 있었습니다. 그것을 보고 제가 딴 애들 하는 것은 싫고 첼로를 배우겠다고 했던 기억이 납니다. 아마 그때부터 좀 다른 길로 걸어오지 않았나 싶습니다. 한국에서 기업을 할 때 사람들이 저를 신기해했습니다. 저는 회사에 출근할 때 선글라스를 끼고 반바지를 입은 채 출근했습니다. 지금도 한국에서 익숙한 풍경은 아니겠지만, 그때만 해도 CEO라고 하면 근엄하게 양복을 차려입고 넥타이를 매는 것이 기본이었습니다. 하지만 꼭 그럴 필요가 있나 싶었습니다.

그런 사고방식을 갖게 된 데에는 어렸을 때 캐나다에서 살았던 영향도 있는 것 같습니다. 캐나다는 미국과는 다른 나라입니다. 미국 옆에 있어서 미국 같으면서도 미국 사람들을 좀 삐딱하게 보는 측면이 있습니다. 미국 사람들은 세계를 미국 중심으로 봅니다. 그 사람들이 이상한 것이 아니라 정말 세상이 미국 중심으로 돌아간다고 생각하기 때문에 자신과 다른 입장을 이해하지 못하는 경우가 있습니다. 유럽 사람들만 해도 웬만한 사람은 3~4개국 언어를 하고 다른 배경을 가진 사람을 이해하고 배려하는 것이 기본인데, 그런 면에서 캐나다가 미국보다 낫습니다. 캐나다는 처음부터 영국계와 프랑스계 국민으로 시작했기 때문에 국어도 하나가 아니라 영어와 프랑스어를 같이 씁니다. 그뿐만 아니라 이후에 이민자들이 왜 영어와 프랑스어만 인정하고 이탈리아어나 중국어 등은 인정하지 않느냐는 의문을 제기해서 캐나다에서는 어떤 학교에 한 명이라도 다른 말을 쓰는 학생이 있으면 의무적으로 그 나라 말을 가르쳐야 합니다. 소수자의 생각, 다른 입장을 무시하지 않고 보는 시각이 그 안에서 저도 모르게 훈련되었는지도 모르겠습니다.

이런 경험 속에서 세상을 보면서 남들과 똑같이 보지 않기, 남들이 한다고 다 똑같이 하지 않기가 전략이 되었다는 생각도 듭니다. 될 수 있으면 남들이 안 가는 길로 가고자 했고, 그것이 어떨 때는 좀 힘들고 험할지라도 가보면 재미있지 않을까 하면서 살아왔습니다.

제가 사는 집만 봐도 보통 집하고는 참 다릅니다. 아까 골조만 올리고 돈이 떨어져 공사를 멈췄다고 이야기했던 그 집을 이제 완성해서 살고 있습니다. 저는 남들과 똑같은 형태의 공간에서 살기를 꺼리는 성격입니다. 집에 사람을 초대해서 같이 밥 먹고 이야기하는 것을 좋아하는데, 그때 집에서 주인의 개성이 보이지 않는 것은 별로라고 생각했습니다. 누가 봐도 여기가 나만의 공간이라는 생각이 확실히 들었으면 싶었습니다. 그래서 학생 시절 조그만 원룸에서 살 때는 스쿨버스 의자를 가져와서 소파로 쓴 적도 있었습니다.

일단 제가 지금 살고 있는 건물은 각 층이 큰 곳은 40여 평이 되고 작은 곳은 10여 평이 되는데, 방이 없고 공간이 전부 트여 있습니다. 침대는 공중에 매달려 있고 욕실은 방 한가운데 유리로 만들어져 있습니다. 손님이 와서 "어떻게 저기서 샤워해요? 다 보이는데요?" 하고 물어보는데, 손님이 왔는데 굳이 그때 샤워를 하는 사람은 없지 않을까요?

바닥은 콘크리트 바닥에 우레탄 페인트를 다섯 겹 정도 칠했습니다. 바닥을 그렇게 하는 것 때문에 집사람과 많이 싸우기도 했습니다. 저희 집은 제가 복층으로 된 4~5층에 살고 나머지 층은 세를 주는데, 집사람이 세놓기 힘들 것 같다면서 바닥에 평범하게 원목을 깔자고 했습니다. 저는 원목 깐 집은 대한민국에 엄청나게 많은데 이런 바닥이 있는 집은 몇 개 안 되니까 우

강
태
진

리나라, 서울에 사는 사람 중에서 이런 바닥을 좋아하는 사람 넷만 찾으면 된다고 주장해서 결국 제 의도대로 집을 만들었습니다. 그 결과는 성공적이라고 생각합니다. 네 사람을 어렵지 않게 찾았고 바로 아래층에 이름만 들으면 알 만한 영화배우가 살고 있습니다. 게다가 저희 집이 혜화동에 있는데 강남에서 받을 수 있는 월세를 받고 있습니다. 제 아내도 이렇게 되니 다르게 하기의 효과가 있다는 것을 인정했습니다. 어떻게 보면 제 집이 차별화 전략의 대표적 성공 사례인 셈입니다.

저는 아이가 둘인데 하나가 대학교 '5학년'입니다. 그 애가 무엇이 되고 싶어 하는지 아직 아무도 모릅니다. 집사람은 아빠라는 사람이 가이드를 해줘야 하는 거 아니냐고 하는데, 저도 젊은 시절 제가 뭘 해야 할지 몰랐는데 어떻게 이야기하겠습니까. 그리고 저는 일반적인 사업가의 기준에서 제가 성공했다고 보지 않습니다. 돈을 버는 것이 사업의 목표인데 돈을 많이 못 벌었기 때문입니다. 그래서 아이들한테 제가 좋은 롤모델이라고 생각하지 않습니다. 인생을 잘 모르는 데다가 성공하지도 못한 사람인 까닭입니다. 단지 순간순간 제일 즐겁다고 생각하는 일에 미쳐서

산 것, 그것 하나만큼은 게으르지 않았다고 자부합니다. 한번 무엇을 하면 그 분야에서는 최고여야 한다고 믿었고, 그 열정으로 지치지 않고 지금도 재미있는 것을 하고 있다는 점에서는 성공했다고 말할 수 있습니다. 그래서 아이들한테 그렇게 이야기합니다. 너무 조급해하지 말고 네가 재미있는 것, 네가 정말 하고 싶은 것을 찾아보라고요.

젊은 사람일수록 자신이 재미있는 것, 꽂히는 것, 누가 시켜서가 아니라 스스로 안 하면 정말 못 견딜 것 같은 일을 찾았으면 합니다. 지금 당장은 그것이 안 보일 수도 있습니다. 하지만 너무 조급해하지 않고 꾸준히 노력하면 찾을 수 있을 것이라고 봅니다. 또 그런 것을 찾을 시간이 누구에게나 충분히 있습니다. 뭔가 괜찮은 일을 발견해서 하려고 하는데 이것이 아니면 어떻게 할지 걱정할 필요도 없습니다. 그럼 또 다른 것을 찾으면 됩니다. 게다가 젊은 분들은 몇 번이고 다시 시작할 수 있습니다. 저도 여러 번 다시 시작했습니다. 그리고 앞으로도 그럴 것 같습니다.

정말 모든 열정을 바쳐서 할 수 있는 재미있는 일을 찾아 그 일에 의미를 부여하고 그 일을 계속 열심히 하면, 반드시 좋은

강태진

성과가 있을 것이라고 믿습니다. 힘내고 재미를 찾아, 그리고 남들과 다른 방향을 바라보며 살아보기를 강력하게 권합니다.

Q. 세렌디피티 시스템을 구축할 때는 사람의 마음을 읽는 것이기 때문에 특정 소수의 성향과 심리까지 알아야 할 것 같습니다. 소프트웨어를 통해 사람의 심리를 헤아리고자 어떤 노력을 하시는지 궁금합니다.

사람의 마음을 읽는다고 하지만, 사람의 마음을 읽기는 무척 어려운 일입니다. 저는 사실 집사람 마음도 못 읽습니다. 그런데 세렌디피티 엔진을 가동할 때는 그 사람의 마음을 완벽하게 몰라도 괜찮습니다. 대략 어떤 것을 좋아하는지 정도만 알면 마케팅이나 검색에 도움이 될 수 있습니다. 물론 정보 수집에 대한 사용자 동의를 받을 생각입니다. 이런 정보를 이용해서 본인에게 편리한 서비스를 제공할 것임을 밝히고, 이 서비스가 마음에 안 드는 사람은 언제나 끌 수 있게 하는 것입니다. 어떤 남자가 예쁜 모델을 보려고 여성 의류 쇼핑몰에 자주 들어갔는데 세렌디피티에 수집된 자료를 보니 자신의 개인적 취향이 여자 옷을 좋아하는 것으로 되어 있을 수도 있습니다. 그러면 자신의 취향 프로필에서 언제든 '여자 옷'을 삭제할 수 있게 해야 할 것입니다. 서비스를 구현할 때 사용자에게 서비스에 관한 확실한 통제 권한을 줘야 하고, 이 엔진과 자신이 어떻게 소통되는지 늘 알 수 있는 장치를 제공해야 할 것 입니다.

Q. 꽂히는 것을 강조하셨는데, 부인도 꽂혀서 만나신 건가요?

네, 그렇습니다. 집사람한테 엄청나게 꽂혔고, 아주 힘들게 결혼했습니다. 몇 번을 깨졌다가 붙었다가 하고, 비행기를 타고 무수히 왔다 갔다 하고, 국제전화비로 수천 달러씩 써가면서 믿기지 않는 연애를 했습니다. 또 한 번 그렇게 하라고 그러면 과연 할 수 있을까 싶을 정도였습니다. 그런데 그때는 정말 꽂혔습니다.

Q. 꿈을 포기하고 현실에 충실하게 사는 것이 옳은 선택일까요? 두려워하지 말고 도전하는 것이 옳은 선택일까요?

재미없는 일을 하면서 살면 안 된다고 생각합니다. 둘 중에 하나는 해야 합니다. 재미있는 일을 찾거나 아니면 자기를 철저하게 세뇌시켜야 합니다. 후자의 경우는 처음에 재미없다고 생각했던 일을 재미있게 만드는 것입니다. 저는 여러분이 충분히 재미있는 일을 찾을 수 있고, 아니면 자기가 하는 일을 재미있게 만들 수 있을 거라고 믿습니다.

Q. 삶을 살아가면서, 일을 하면서, 어떤 부분에서 행복을 느끼시는지요?

새로운 무엇을 만드는 일을 좋아합니다. 프로그래밍 하는 분들은 알겠지만, 프로그래밍이라는 게 컴퓨터 안에서 자기가 완전히 제어할 수 있는 하나의 우주, 하나의 세상을 만드는 것입니다. 연극을 했던 이유가 새로운 세계를 만들어내면서 사람들을 재미있게 해주고 저도 재미있기 때문이었던 것 같습니다. 물론 새로움을 만들어내는 일은 힘들지만, 가만히 앉아서 심심한 것은 더 견디기 힘들었습니다. 회사를 운영하면서 어려울 때도 물론 있었지만 '내가 이렇게 재미를 보면서 돈 벌어도 되나?' 하는 생각을 해본 적도 많습니다. 돈 내고도 이런 즐거움은 느끼지 못할 것 같은데, 돈을 벌면서 재미있게 일하니까 행복합니다.

고순동

소속 삼성 SDS 사장
학력 연세대학교 경영학과 졸업/워싱턴 대학교 MBA 수료
경력 IBM 글로벌 서비스 부문 사업 개발 담당 임원,
삼성 SDS 대표이사 사장

IBM 출신의 기획 및 마케팅 전문가이다. 글로벌 IT 기업인 IBM에서 아시아·태평양 지역 전략 마케팅과 본사 글로벌 서비스 부문에서 경력을 쌓았다. 본격적으로 글로벌 IT 서비스업체로 거듭나려는 전략을 가진 삼성 SDS로 영입되었다. 이후 삼성 SDS는 '글로벌 ICT 서비스 기업'을 기치로 내걸고 강력하게 해외 시장을 공략하며 입지를 확고히 다져가는 중이다.

그는 업무 능력 외에도 부하 직원들과 격의 없이 소통하는 소탈한 성격과 인품으로 회사 내에서 높은 인기를 얻고 있다. 입사 7년 만에 사장으로 승진하면서 기업 내에서 성공하는 데 근무 연수보다 능력과 성과가 중요하다는 것을 입증했다. '능력남' 고순동이 전하는 글로벌 인재가 되기 위한 필수 요소는 무엇일까?

아는 것이 힘이다.
정보의 힘

◻

저는 직장 생활을 약 30년째 하고 있습니다. 그리고 그 30년 전체를 ICT 산업 분야에서 근무해왔습니다. 가장 잘 아는 분야인 만큼 '글로벌 ICT 환경에서의 변화와 대응'에 관해 주로 설명하면서 우리 사회에 필요한 인재에 대해 말씀드리고 싶습니다.

제가 삼성 SDS에서 일한 지 8년이 넘었습니다. 예전에는 SDS 회사를 다닌다고 하면 PDP 패널은 잘 나오느냐고 묻는 분도 있었습니다. SDI와 SDS를 헷갈리는 분이 대부분이었는데 요즘은 상황이 그때보다 나아지긴 했습니다. 정확한 개념을 간단하게 설명하자면 SDS는 ICT 서비스 회사라고 흔히 부릅니다. 주로 기업과 공공 기관을 상대로 IT 서비스를 제공하는 회사입니다. IT 서비스는 크게 세 영역으로 나누어집니다.

고객에게 방향을 제시하는 컨설팅, 어떻게 하는지 방법을 이야기해주는 것, 그리고 고객을 대신해서 제대로 수행해주는 것이 바로 그 세 영역입니다. IBM 글로벌 서비스나 액센추어 같은 회사가 비슷한 업종의 회사입니다. 삼성 SDS는 현재 직원이 1만 2000명이 넘습니다. 매출은 2010년 말에 5조 원 가까이 되었으니 꽤 큰 회사에 속한다고 볼 수 있습니다. 또 삼성 그룹에 있는 모든 IT를 책임지고 있기도 합니다.

회사에서 느끼고 부딪치면서 깨달은 지금의 환경과 특성을 고려하여 여러분이 어떻게 하면 가치 있는 인재가 되어 재미있게 일할 수 있을지 고민해봤습니다. 우선 ICT라는 말에 대해 분석해보겠습니다. 전에는 그냥 IT라고 불렸는데 요즘은 커뮤니케이션을 붙여서 ICT라고 합니다. 풀어보면 정보통신기술 Information Communication Technology이 됩니다. 한마디로 유용한 정보를 효과적으로 전달하고 다루는 기술이라고 할 수 있습니다.

우선 이 말에서 가장 중심이 되는 'Information' 개념을 들여다보겠습니다. 정보의 힘에 대해서는 제가 겪었던 일을 하나 소개할까 합니다. 우리나라에서는 최근에야 금연 열풍이 불고 있지만, 제가 미국에 있을 때인 1990년대 초반만 해도 미국에서는 이미 회사 내에서 담배를 피우는 사람을 별종으로 생각했습니다. 그러다 보니 담배를 피우는 사람이 거의 없었는데, 상사 중에 유일하게 담배를 피우는 사람이 있었습니다. 그 사람은 1시간 반마다 꼭 밖에 나가서 담배를 피우는데, 직원 중 한 사람이 담배를 같이 피웠습니다. 담배를 피우면서 보통 이런저런 이야기를 주고받기 마련이잖아요? 그래서 상사와 그 직원이 담배를 피우면서 많은 정보를 교환했던 모양입니다. 그렇게 담배를 매번 같이 피우고 나니까 나중에는 지시 사항이 상사한테서 내려오는 게 아니라 같이 담배 피우는 그 사람한테서 전달되어 내려오는 것입니다. 말하자면 일종의 권력이 생긴 것입니다. 사람들이 담배를 같이 피우는 일의 힘을 알고는 6개월 후에 열 명 중 일곱 명이 담배를 피우게 되었습니다. 소소한 일화이지만 정보에 대한 접근이 곧 파워라는 것을 보여주는 사례라고 할 수 있겠습니다.

그럼 좀 더 구체적으로 정보가 인류 역사에서 어떤 역할을 해왔고 어떤 과정을 거쳐 지금에 이르렀는지 살펴보겠습니다. 기원전 4만 년 전 동굴에서 처음으로 정보와 관련된 기록이 나왔다고 합니다. 프랑스의 라스코 동굴, 에스파냐의 알타미라 동굴에 인류가 처음으로 기록을 남긴 것입니다. 이때는 주로 사냥이 잘되길 바라는 마음에서 그림을 그렸는데 제사를 집전하는 제사장이 그림을 통해 권위를 나타냈습니다. 그리고 정보 소유의 유무에 따라 권위와 힘이 좌우되었다고 합니다.

역사와 선사를 구분할 때 문자의 활용 여부를 기준으로 삼습니다. 기원전 3000년 무렵에 지금의 이란 근처에 번성했던 수메르 문화에서 인류 최초로 문자가 나왔습니다. 점토판에 여러 가지 글자를 만들어 쓴 쐐기문자였습니다. 그런데 이 문자로 기록된 정보도 당시 지배 계층의 전유물이었다고 합니다.

고대에 암호가 존재했다는 이야기를 들어보셨나요? 기원전 700년, 아테네와 스파르타가 있던 그리스에 암호가 있었다고 합니다. 〈300〉이라는 영화를 보았다면 알 것입니다. 스파르타는 300명으로 페르시아의 대군을 물리쳤을 만큼 용맹한 나라였는데, 이 사람들이 단지 무예만 뛰어난 것이 아니라 전략·전술에도 능했다고 전해집니다. 그래서인지 스파르타 사람들은 암호를 만들어서 전쟁에 활용했습니다. 스키탈레라는 암호였는데, 이 암호를 그냥 보면 이상한 글자가 적혀 있는 한 줄의 천에 불과합니다.

기존의 가치나 구조에 얽매이고
명령에 따라 움직이는 것만으로는
성공하기 어렵습니다.

그런데 이것을 특정한 각목에 둘러서 보면 알아볼 수 있는 글자가 나왔다고 합니다. 처음에 글자를 쓸 때 각목에 둘러서 쓴 것입니다. 그런 까닭에 정해진 각목을 가지고 있는 사람만이 천에 있는 내용을 알 수 있었습니다. 이 역시 정보가 권위나 힘이었음을 드러내는 역사적 사례입니다.

다음으로 금속활자 이야기를 하겠습니다. 《라이프》라는 잡지에서 지난 1000년간 인류가 발명한 발명품 중 우리 생활에 영향이 가장 컸던 것으로 구텐베르크Johannes Gutenberg가 만든 금속활자를 꼽았다고 합니다. 정보를 대량으로 복제할 수 있었던 점이 인류 역사에서 가장 획기적인 변화였다고 본 것입니다. 이전까지 특수 계층이 독점하던 정보의 접근 수단이 금속활자로 인해 대중화되었고, 이후로 많은 개혁 활동이 일어났습니다. 금속활자의 덕을 가장 많이 본 사람이 마르틴 루터Martin Luther입니다. 종교개혁을 단행한 마르틴 루터는 가톨릭교회에서 주는 면죄부에 반박하고자 방대한 양의 책을 써야 했는데, 양이 많다 보니 책 한 권 쓰기가 너무도 힘들었습니다. 이때 다행히 금속활자가 나와 책을 쉽게 복제해서 사람들에게 나눠 줄 수 있었고, 종교개

혁의 메시지가 많은 사람에게 전달되었습니다. 이처럼 금속활자를 통해서 비로소 정보의 대중화가 이루어진 것입니다.

　그다음에 다룰 발명품이 컴퓨터입니다. 1980년대 초에 컴퓨터 산업 분야에서 일할 때 첫 번째로 판매한 컴퓨터 하드웨어는 크기가 엄청났습니다. 어떤 은행에 그 컴퓨터를 팔았는데, 커다란 데이터센터 건물의 3개 층을 차지하는, 실로 거대한 기계였습니다. 하지만 그때 그 컴퓨터의 용량은 지금 개인이 휴대한 스마트폰 한 대가 가진 용량보다 더 작았습니다. 그랬던 컴퓨터가 점점 발전해서 지금은 우리 사회에서 빼놓을 수 없는 물건이 되었습니다. 최초의 컴퓨터는 '애니악'으로, 1940년대에 미국의 펜실베이니아 대학교에서 미 육군이 쏘는 포의 탄도를 계산하려는 목적으로 만들었다고 전해집니다. 이후 급속도로 발전한 끝에 요즘은 어느 공간이든 다양한 형태로 컴퓨터가 존재하는 시대입니다. 냉장고, 자동차, 휴대전화 등 모든 물건에 컴퓨터가 들어갈 수 있고, 정보의 무한한 복제와 접근이 가능해졌습니다. 그러면서 많은 사람이 참여해서 했던 반복적인 일을 사람이 하지 않고 컴퓨터를 통해 처리합니다.

소셜, 클라우드,
모바일, 그린, 오픈

마지막으로 주목해야 할 것이 인터넷입니다. 1960년대 말에 미국 정보국에서 처음 인터넷을 시작한 이후로 인터넷은 컴퓨터 관련 산업 변화의 핵심으로 입지를 다져가고 있습니다. 인터넷이 나오기 전까지는 특수한 사람만이 컴퓨터를 이용해 정보에 접근했습니다. 과거에는 보통 전산실을 유리로 막아놓았기 때문에 IT 하는 사람을 '글래스하우스 피플Glasshouse People'이라고 부를 정도로 일부 사람만 운영이 가능했습니다. 그러나 인터넷 시대가 오면서 이제는 누구나 정보에 접근할 수 있고, 접근하는 수준을 넘어 정보를 가공하거나 공유하는 시대가 되었습니다. 정보의 바다라는 표현도 그런 맥락에서 등장했습니다. 그러면서 과거에 존재해왔던 정보의 비대칭성, 다시 말해 정보를 가진 사람과 안 가진 사람

사이에 존재했던 힘의 차이가 없어졌습니다.

제가 학교에 다닐 때는 교수님들이 30년 된 강의 자료를 가지고 강의를 해도 그대로 듣는 것 말고는 방법이 없었습니다. 시험문제도 족보처럼 나오는 문제를 그대로 풀었습니다. 그러나 지금은 학생이 교수님보다 많이 알고 싶다면 인터넷을 이용해 얼마든지 할 수 있습니다. 다만 그 정보를 적절하게 활용하고 응용하는 능력에는 상당한 차이가 있을 것입니다. 이제는 정보의 양은 문제가 안 되고, 얼마나 좋은 질의 정보로 가치를 창출하느냐가 변화를 가져오는 핵심이 되었습니다.

그러다 보니 요즘에는 우리가 ICT의 노예가 되다시피 했습니다. 과거 수작업을 하던 때에는 전기가 나가도 불만 켜면 아무 문제가 없었는데, 이제는 모든 일이 컴퓨터에 들어 있고 정보화되어 있기 때문에 컴퓨터를 쓰지 못하면 아무 일도 할 수 없습니다. 아마 여러분도 생활하면서 자신이 너무 기계에 의존하는 것은 아닐까 걱정해본 적이 있으리라 생각합니다. 어떤 시각으로 보면 그야말로 인간이 IT 기술의 노예가 되는 상황이 벌어졌습니다.

물론 부정적인 측면만 있는 것은 아니고, 인터넷 시대에 이르러 우리가 더 다양한 목적을 가지고 여러 기술을 이용할 수 있게 된 것이 사실입니다. 어떤 문제에 봉착했을 때 나쁜 부분을 중심으로 생각하기보다는 좋은 점을 극대화해서 좋지 않은 점까지 해결하려는 마음을 갖는 것이 더 현명한 방법이라고 생각합니다. ICT에 지나치게 의존하지 않고 현명하게 사용한다면, 더 효율적이고 즐거운 삶을 모색할 수 있다는 말입니다.

그런 의미에서 현재 어떤 변화가 일어나고 있는지 살펴보면 크게 다섯 가지가 있습니다. 소셜, 클라우드, 모바일, 그린, 오픈입니다. 이 기술들은 기존의 인터넷 기술과 특별한 차이가 있지는 않습니다. IT 자체의 발전은 따져보면 큰 차이가 없습니다. 그러나 기술이 어떤 식으로 어떤 분야에 어떻게 적용되느냐에 따라 그 활용에서 획기적인 차이가 생길 수 있습니다.

먼저 소셜social을 살펴보겠습니다. 보통 소셜 네트워크라고 표현되는데, 소셜 네트워크의 가장 대표적인 것이 페이스북입니다. 페이스북은 2004년에 창립된 후로 가입자가 8억 명이고 기업 가치가 100조 원에 이르는 큰 회사가 되었습니다. 우리나라에서 싸이월드가 먼저 생겼는데 아쉽게도 미국 시장에서 페이스북을 아직 견제하지는 못합니다. 페이스북이 갖는 의미가 단지 커뮤니케이션을 하기 위한 패러다임에 한정되지 않는다는 의견이 있습니다. 앞으로는 회사 일도 페이스북이라는 틀 안에서 하게 될 것이라고 페이스북 사람들은 주장합니다. 지금은 회사에 가면 보통 컴퓨터를 켜고 이메일을 보거나 그룹웨어의 여러 기능을 켜놓고 업무를 처리하는 식으로 일을 합니다. 그런데 앞으로는 페이스북의 형태 안에서 이메일도 주고받고 채팅을 하거나 리서치를 할 것이라는 예측도 있습니다. 그렇기 때문에 페이스북에 익숙하지 않으면 직장 생활도 하기 힘들어진다는 것이 그 주장의 요지입니다. 그 주장의 진위와 상관없이 우리가 분명히 해둬야 할 점은, 페이스북이 뭔가 독자적인 기술을 도입한 것이 아니라는 것입니다. 일반적인 컴퓨터 기술과 인터넷이 활용되었지만, 그것을 기존의 질서와 달리 새롭게 적용하고 잘 조합했기 때문에 높은 가치를 가지게 되었다는 것을 알아야 합니다.

두 번째는 클라우드Cloud입니다. 애플에서도 크게 홍보한 적이 있고, 국내에는 KT의 유클라우드라는 것이 있습니다. 지금은 우리가 노트북이나 데스크톱을 소유하면서 여러 가지 프로그램이나 장치를 구입해서 씁니다. 클라우드는 그것이 번거롭고 제한적이니까 모든 것을 인터넷에 올려놓았습니다. 구름처럼 보이는 곳에 올려놓고 각종 장치와 기술을 빌려 쓰자는 것입니다. 이 부분은 어떻게 보면 IT 산업의 가장 큰 염원이었습니다. 기술을 마치 수돗물처럼, 전기처럼 쓰는 것입니다. 소유하는 대신 빌려 쓰고 쓴 만큼 돈을 내자는 것인데, 이전까지는 줄곧 이야기로만 오르내리던 것이 이제는 현실로 다가왔습니다. 그러다 보니 흔히 말하는 빅데이터, 정형화되지 않은 큰 데이터들을 가지고 무궁무진한 일을 할 수 있게 되었습니다. 과거에는 큰 데이터를 어디에 저장할지를 몰라 쓰지 못했습니다. 지금은 다 구름 위에 올려놓으면 되니까 그 데이터를 가지고 고객 분석과 마케팅 같은 업무를 할 수 있습니다.

세 번째는 모바일Mobile입니다. 모바일은 말 그대로 언제 어디서나 어떤 디바이스를 통해서든 기술을 활용하겠다는 것입니다. 특히 스마트폰이 나오면서 활성화되었습니다. 모바일 개념은 개인 생활뿐만 아니라 회사 생활에도 적용되고 있습니다. 제가 가지고 다니는 스마트폰에서는 이메일 사용은 물론이고 결제, 일정 관리, 임직원 조회가 다 가능합니다. 그 외에도 여러 가지 회사 업무를 스마트폰으로 언제 어디서나 해결할 수 있습니다.

네 번째로 환경과 관련해 그린Green이라는 개념이 등장합니다. 인간이 탄소를 너무 많이 배출해서 지구온난화가 촉진되었고, 자연이 파괴되고 기상이변과 같은 현상이 일어났습니다. 2010년에 미국 동부에서는 허리케인 아이린이 플로리다에서 생겨 동북부까지 올라간 적이 있습니다. 허리케인이 북부까지 올라간 일도 처음인 데다가 허리케인의 영향으로 단풍이 아름답던 동북부에 그해에는 단풍이 하나도 안 졌다고 합니다. 무언가 정상적이지 않은 것입니다. 또 갑자기 폭설이 내려서 열흘 동안 전기가 안 들어오는 일이 일어나기도 했습니다. 이런 현상이 다 지구환경의 변화와 탄소 배출 증가 때문인데, 환경 재앙을 예측하고 대응하기 위해서도 IT는 꼭 필요합니다. 에너지를 누가 얼마큼 쓰는지 측정하고 남는 에너지는 모자라는 사람에게 전달하는 방법을 고민할 때, IT가 중요한 역할을 할 수 있습니다. 환경문제는 IT와 무관한 영역처럼 생각될 수 있지만, 현대사회에서는 무척 긴밀한 관계를 맺고 있습니다.

　　마지막으로 오픈Open이라는 개념을 살펴보겠습니다. 개방, 공유, 참여로도 일컬어지는 오픈은 흔히 2.0이라고 표현됩니다. 위키피디아 위키백과가 대표적인 예입니다. 춘천이라는 도시를 위키백과에서 찾아보면, 춘천에 대한 내용이 일반적으로 알 수 있는 것보다 몇 배나 나옵니다. 이 내용은 전문가가 쓴 것이 아니라 춘천에 대해 아는 여러 사람의 지식을 모아서 만들어진 것입니다. 과거의 백과사전처럼 전문 지식을 가진 사람이 쓴 것을 보는 일방적인 형태가 아니라 많은 사람이 각자 나름의 지식을 모아서 새로운 지식을 만들어나가는 것이 오픈의 개념입니다.

고
순
동

스마트 앤 컨버전스 시대,
나는 무엇을 해야 할까

□

이러한 개념들이 어떻게 만들어졌는지 잘 살펴보면, 새로운 기술이 만들어진 것이 아닙니다. 모두 인터넷 기술이고 IT의 기존 기술입니다. 그것을 어떻게 접목시키고 합치느냐에 따라 상당히 다른 현상으로 나타나는 것입니다. 지금 ICT 산업은 스마트 앤 컨버전스Smart & Convergence라는 표현으로 요약되는 패러다임의 변화를 겪는 중이라고 정리할 수 있습니다. 우리말로는 융복합이라고 표현됩니다. 여러 가지 예가 있지만 제품 관점에서 보면, 과거에는 프린터·복사기·스캐너가 따로 있었던 것이 한 기계로 합쳐져서 나오고, 휴대전화는 PC·카메라·전자사전·MP3 플레이어가 합쳐진 형태로 개발되는 식입니다.

　　단순히 이런 제품뿐 아니라 산업에도 융복합이 일어나고

자신이 무엇을 잘하고
어떤 것을 즐기는지 알 수 있도록
자기를 발견하는 끊임없는
노력이 필요합니다.

있습니다. 방송과 통신이 합쳐지고, 의료와 음악이 결합하고, 학문도 합쳐집니다. 기업이 하는 일도 마찬가지입니다. 스마트 앤 컨버전스의 대표 기업이라면 애플이라고 생각합니다. 애플은 GUI라는 방법을 제일 처음 상용화한 회사이긴 하지만, 이후에 나온 아이폰이나 아이패드 등 어떤 제품을 봐도 애플에서 자체적으로 새로 개발한 것은 없습니다. 사실 GUI 자체도 모토로라에서 개발한 것입니다. 그러나 기존 기술을 융복합해서 새로운 가치를 만들어내는 데에 관해서는 애플이 최고인 것 같습니다.

이처럼 스마트 앤 컨버전스라는 새로운 시대에 우리는 무엇을 준비해야 할까요? 구체적으로 무엇이 변하는지 생각해봅시다. 일하는 방식이 변합니다. 과거와 같이 개인의 지식과 전문성을 가지고 지시받은 일만 한다면 불충분합니다. 지금은 융복합 시대이기 때문에 무슨 일을 하든지 얽혀 있는 분야가 다양합니다. 따라서 자기 혼자 할 수 있는 것이 없어서 여러 사람이 소통하면서 일해야 합니다.

그리고 일터의 변화가 있습니다. 정시에 출근해서 정해진 자리에 앉고, 회의실에 가서 회의를 하는 형식을 고집할 필요가 없습니다. 필요에 따라서는 꼭 출근하지 않고 자율출근제를 할 수도 있습니다. 집에서도 근무할 수 있고, 자기 사무실 없이 여기 저기서 근무하는 것도 가능합니다. 스마트폰을 가지고 어디서나 일할 수 있는 새로운 환경이 도래했습니다.

비슷한 맥락에서 스마트 앤 컨버전스 한 세상에서 성공할 수 있는 인재상은 어떠한 것일까요? 시대에 국한되지 않고 세 사람을 꼽아봤습니다. 레오나르도 다빈치Leonardo da Vinci, 백남준, 스티브 잡스가 그 주인공입니다. 레오나르도 다빈치는 예술가, 과학자, 건축가이면서 인류 문화에 충격적인 진보를 가져온 일을 많이 했습니다.

백남준은 미술이라는 개념을 전면적으로 바꾼 사람입니다. 이분은 생전에 기이한 행동을 많이 했습니다. 백악관에서 빌 클린턴Bill Clinton 대통령과 인사를 할 때 갑자기 백남준의 바지가 벗겨지는 일이 있었는데, 많은 사람이 그 일을 백남준의 실수로 알았습니다. 그런데 나중에 알고 보니 그때 르윈스키와의 스캔들을 풍자하기 위해 바지가 벗겨지는 퍼포먼스를 일부러 연출한 것이었습니다. 그 정도로 백남준은 괴짜였습니다.

스티브 잡스는 애플을 만들고 여러 가지 창의적인 결과물을 생산해냈지만, 그 역시 괴팍했습니다. 그래서 애플 건물에서 잡스가 걸어가면 마치 홍해가 갈라지듯이 모든 사람이 피했다고 할 정도입니다.

제가 이 세 사람을 꼽은 이유가 지금 도래한 스마트 앤 컨버전스 시대에 적응하려면 괴팍해야 된다는 의미는 아닙니다. 지식 중심적인 인재가 중요하지 않다는 것도 아닙니다. 근면하고 성실하면서 모범생이면 나쁠 것이 없습니다. 다만 기존의 가치나 구조에 얽매이고 명령에 따라 움직이는 것만으로는 성공하기 어렵다는 뜻입니다. 앞서 말씀드린 사람들은 다른 사람의 눈치를 보거나 정해진 일만 하지 않았습니다. 자기가 필요하고 재미있다고 생각하는 일을 과감하고 거침없이 진행했습니다.

그런 의미에서 자신이 무엇을 잘하고 어떤 것을 즐기는지 알 수 있도록 자기를 발견하는 끊임없는 노력이 필요합니다. 자기 나름의 개성을 갖추는 데에 모든 역량을 집중해야만 스마트 앤 컨버전스 시대에 성공하는 인재가 될 수 있다고 생각합니다. 저는 앞으로 스마트 앤 컨버전스 시대가 온다고 확신합니다. 이미 상당 부분 도래하기도 했습니다.

그리고 이제는 사회가 수직적인 구조가 아니라 마치 웹과 같이 거미줄처럼 얽혀 있습니다. 자기가 한 것과 남이 한 것을 합쳐서 새로운 가치를 만들어내는 것이 직장 생활에서도 필요하고 사회생활에서도 필요합니다. 따라서 자신이 속한 집단에서 스스로 제일 잘하는 부분이 무엇인지를 일단 알아야 합니다. 또 그것을 즐길 줄 알면서 다른 사람이 잘하는 것을 존중할 줄 아는 인재가 되어야 합니다.

하지만 자기 발견은 절대 쉽지 않습니다. 끊임없는 노력이 필요합니다. 널리 알려진 이야기 중에 중국의 대나무 이야기를 들려드리겠습니다. 중국의 대나무는 4년 동안 열심히 물을 주고 거름을 줘도 전혀 자라지 않습니다. 그런데 갑자기 5년째가 되면 급속하게 성장해서 무려 27미터나 자랍니다. 여러분이 스스로 갖춰야 할 역량을 끊임없이 찾고 자기 것으로 만드는 노력이 필요하지만, 그런 노력이 바로 결과로 나타나지는 않을 것입니다. 그러나 좌절하지 말고 대나무처럼 4년을 참고 있으면 5년째에 분명히 그 성과가 나타날 것입니다. 이런 인내를 가능하게 하는 것은 그 일에 대해 느끼는 즐거움과 자신감입니다.

궁극적인 성공으로 가는 길에 자기 발견이 중요하다는 것을 다시 한 번 강조합니다. 유명한 격언 중에, 똑똑한 사람이 열심히 하는 사람한테 이길 수 없고, 열심히 하는 사람이 즐기는 사람한테 이길 수 없다는 말이 있습니다. 여러분도 스마트 앤 컨버전스 시대에 여러분이 정말 즐길 수 있는 부분을 찾아서 열정적으로 일하길 바랍니다. 그러면 반드시 성공하는 인재가 될 것입니다.

Q. **어떻게 하면 바람직한 20대를 보낼 수 있을지 조언 부탁드립니다.**

20대부터 너무 목적의식에 얽매일 필요는 없겠지만, 자신을 적절하게 통제하면서 필요한 일들을 해야 한다고 봅니다. 20대인 분들 중에는 20대를 즐기지 않으면 30대에 지구가 멸망할 것처럼 생각하는 분도 있는 것 같습니다. 그런데 살아보면 좋은 시절은 계속 있습니다. 또 바람직한 20대를 보내면 30대에 더 좋아지고, 바람직한 30대를 보내면 40대에 더 좋아지는 부분이 있기 마련입니다.

우리가 앞으로 백 살까지 산다고 할 때 그 긴 세월 동안 자신이 즐겁고 열정적으로 할 일을 찾는다고 생각하면, 20대에는 투자를 해야 합니다. 근시안적으로 생각하지 말고 내 미래를 준비한다고 마음먹고 이런저런 경험을 하면서 자신에게 맞는 일을 찾아야 할 것입니다. 저희 세대만 해도 몇 년 후에는 어디에 가 있어야 하고, 몇 년 후에는 무슨 일을 하고 있어야 하고, 직급은 어떻게 되어 있어야 한다는 법칙 같은 게 있었습니다. 스마트 앤 컨버전스 시대에는 그럴 필요가 없습니다. 고정된 가치라는 것이 없고 자신이 좋아하는 일을 계속 밀어붙이면 언젠가 크게 성공할 기회가 분명히 오기 때문입니다. 그 기회가 왔을 때 자신이 정말 잘할 수 있도록 준비하는 것이 20대에 가장 중요한 일이 아닌가 생각합니다.

Q. 신입 사원을 뽑으실 때 주로 보시는 기준은 무엇인가요?

회사에서 일하는 임원들에게 이런 이야기를 많이 합니다. "경영자는 요리사다." 요리사는 고기, 생선, 채소 등 여러 가지 재료가 있어야 합니다. 재료를 잘 조합해서 정말 맛있는 요리를 만들어내는 일이 경영자가 할 일입니다. 음식이 맛있으려면 일단 재료가 좋아야 하지 않겠습니까? 그러다 보니 다양한 분야의 사람들이 필요합니다. 저희는 IT 회사이지만 컴퓨터나 소프트웨어를 전공한 사람만 필요한 것이 아닙니다. 단지 중요한 것은, 그 다양한 영역에서 자신이 누구보다 잘할 수 있다는 패기와 열정입니다. 그리고 끼도 중요합니다. 저는 끼가 창의성으로 연결되는 부분이 많다고 생각합니다.

Q. IT 기술의 발달로 말미암아 인간이 쉴 새 없이 일하는 등의 부작용이 나타날 수 있을 것 같은데, 그런 부분에 대한 생각은 어떠신

지요?

실제로 그런 측면이 있습니다. IT 기술 덕분에 집에서 일해도 문제없는 경우가 있습니다. 그런데 집에서 일한다고 일을 덜 하지는 않습니다. 미국에 있을 때 일주일에 5일 중 3일은 집에서 일하라고 해서 집에서 일을 했는데, 집에 있으면 훨씬 일을 많이 합니다. 저녁 먹고도 들어가서 컴퓨터 보면서 일을 하는 식입니다. 그런데 그것이 회사에서 시킨 게 아닙니다. 스스로 그냥 습관처럼 일하는 것입니다.

결국 이런 것도 자기가 어떻게 마음먹느냐에 달린 일입니다. 그래서 IT 기술이 발달하면 거기에 맞는 문화적 습관이 필요합니다. 예를 들면 비록 집에서 일을 해도 5시까지만 일할 것이고 점심시간에는 2시간을 쉬겠다는 식으로 자기 나름대로의 규칙을 세우는 것입니다. 그러지 않으면 24시간 내내 일하게 될 수도 있습니다. 모든 영역에서 자신이 새로운 환경 안에서 어떤 삶을 살아갈 것인가에 대한 계획을 가지고 있어야 한다고 봅니다.

Q. 사람들에게 추천해주고 싶은 책은 무엇인가요?

① 《무지개 원리》(차동엽 지음)

항상 긍정적인 생각이 중요하다는 교훈을 전해주는 책입니다. 이 책을 통해 긍정의 힘을 어떻게 갖는지를 배울 수 있습니다. 직장에서 슬럼프를 이겨내는 방법 중에 긍정적인 생각보다 좋은 것은 없다고 생각합니다.

② 《제국의 미래》(에이미 추아 지음)

타 문화에 대한 '열린 마음'이 제국의 성패를 좌우한다는 내용을 보며 열린 마음의 중요성을 알게 되었습니다. 글로벌 환경에서 경영도 마찬가지입니다. 열린 생각이 그 기업을 성장시켜줍니다. 인생을 시작하는 젊은이들에게도 이 말은 적용됩니다. 열린 마음이 있어야 더 큰 꿈을 가질 수 있고 성취할 수 있습니다.

③ 《혼창통》(이지훈 지음)

가슴 벅찬 비전을 이야기하는 혼, 끊임없이 '왜'라고 자신에게 묻는 창, '만나라, 또 만나라!', 그리고 '들어라, 또 들어라!'라고 강조하는 통, 이 세 가지 메시지가 인생에 중요한 자양분이 될 것입니다.

Q. 기억에 남는 명언 한마디는 무엇인가요?

The Energy and Perseverance which you bring to your work will surely light your future(당신이 일에서 보여주는 열정과 인내는 분명 당신의 미래를 밝게 해줄 것입니다).

Q. 회사 일에서, 혹은 일상 속에서 쌓이는 스트레스를 해소하는 노

하우가 있으세요?

🙂 스트레스가 쌓이면 운동을 합니다. 운동을 집중해서 하면 그 시간만큼은 다른 잡념이 들지 않고 머릿속의 온갖 고민이 다 떨어져 나갑니다. 흘린 땀만큼 스트레스도 내려놓는 효과가 있는 것 같습니다. 또 다른 방법은 친구를 만납니다. 마음을 터놓고 이야기할 수 있는 친구와 같이 있다 보면 스트레스가 자연스레 사라지는 느낌이 듭니다.

Q. 다시 청춘으로 돌아간다면 무엇을 가장 하고 싶으신가요?

🙂 너무 앞만 보고 달리지 않고 쉬엄쉬엄 사는 경험을 해보고 싶습니다. 그때는 그것을 몰랐지만 지나고 보니 청춘의 시기에 오로지 앞만 보고 달리는 것이 참 아쉽다는 생각이 듭니다. 그리고 정말 좋아하는 일을 꼭 해보고 싶습니다. 청춘의 시간이 다시 주어진다면 스포츠 전문 기자를 해보고 싶습니다.

Q. 마지막으로 젊은이들에게 하고 싶은 이야기는 무엇인가요?

🙂 지금 처한 상황에서 항상 새로운 미래, 더 나은 미래가 있다고 생각하는 것이 중요합니다. 그리고 매사에 최선을 다하는 초심을 잃지 않길 바랍니다. 지나고 보면 순간순간 즐기면서 일하는 게 본인에

게 큰 힘이 됩니다. 신변의 변화나 위기가 오더라도 피하지 말고 그 변화를 주도하면 분명히 나중에 발전의 계기가 될 것입니다.

이럴 때 중요한 것이 바로 목표입니다. 목표가 없으면 최선을 다해도 좌표가 없으니 방향을 잃게 됩니다. 분명한 목표를 가지고 있어야 합니다. 그리고 목표를 너무 길게 잡지 않아야 합니다. 달성 가능한 목표를 잡기 바랍니다. 작은 목표라도 달성하는 성공 경험을 맛보는 것이 중요합니다.

그 목표를 달성하려고 최선을 다하고 열정을 다하는 것이 무엇보다 중요합니다. 슬럼프가 올 때는 본인이 생각한 목표를 떠올리면서 이게 정말 내가 원하는 길인지 생각하고, 원하는 일이라면 어떻게 극복해야 그 자리에 갈 수 있는지 생각해야 합니다. 어려울수록 근본적인 것을 생각하면 해답이 나올 것입니다.

두근두근
Tomorrow!

류한호

소속 삼성경제연구소 전무
학력 고려대학교 경영학 박사
경력 역서로는 《인간경영 64훈》, 《이노베이션 기법 50》, 《2000년 경영신조류》 등이 있고, 감수한 책으로는 《실행에 집중하라》, 《현실을 직시하라》, 《혁신이란 무엇인가》, 《1% 인재에 집중하라》 등이 있음

경영전략과 기업 문화, 경영 혁신과 인사관리를 연구하는 경영 전문가로서 기업 혁신과 올바른 경영관의 척도를 꾸준히 제시해왔다. 1993년 삼성에 입사한 이래 '삼성 신경영' 등 경영 혁신의 주역으로 활약했다. 삼성인력개발원부터 삼성경제연구소에 이르기까지 삼성 내 경영 관련 요직을 두루 거쳤으며, 행정안전부 정책자문위원 등을 맡아 정부 정책에 관여하기도 했다. 현재 삼성경제연구소 전무이자 한국인사조직학회 상임이사를 맡고 있으며, 경영 관련 서적에 대해 날카로운 서평을 하는 전문가로 심심찮게 만날 수 있다. 현실에 안주하지 않고 삼성경제연구소를 동북아 최고, 나아가 세계적 수준의 연구소로 키워내고 싶다는 그의 미래를 향한 열정과 힘을 만나보자.

양보다 질,
하이퀄리티 기업관

지금 많은 젊은이들이 프로가 되기 위해 준비하고 있다고 생각합니다. 그런 의미에서 누구나 멋있는 사람으로 인정하는 '프로로 가는 길은 무엇인가'를 주제로 말씀드리고 싶습니다. 먼저 어떤 기준과 어떤 가치를 가지고 나아갈 것인가 하는 이야기로 출발하려고 합니다.

삼성에 대한 이야기로 시작해보겠습니다. 저는 1993년 삼성에 들어왔습니다. 이 시기는 삼성에서 '신경영'이라는 대대적인 경영 혁신 운동이 일어난 때입니다. 당시 삼성이 대대적인 경영 혁신 운동을 벌인 이유는 여러 가지가 있었지만, 가장 큰 계기는 불량품을 없애보려고 부단히 노력했는데도 불량품이 없어지지 않고 계속 생산되는 현실을 바로잡아야 한다는 반성 때문이었습니다.

　그때 나왔던 첫 번째 구호가 '양'에서 '질'로 가자는 것이 었습니다. 마침 제 박사 학위 논문이 '기업 문화와 경영 혁신'에 관한 것이었기 때문에 바로 그 업무에 투입되었습니다. 무엇을 어떻게 바꾸자는 것인지를 정리하고 혁신 운동의 방향을 잡는 과정에서 "양에서 질로"라는 구호에 대해 한 가지 의문이 생겼습니다. 도대체 질이란 무엇인가 하는 것이었습니다. 질이라고 하면 영어로는 '퀄리티Quality'라고 합니다. 우리가 친구에 대해 험담할 때, "쟤는 저질이야"라는 말을 하기도 합니다. 또 좋은 물건이 있으면 '하이퀄리티'라는 말을 쓰기도 합니다. 하지만 질이라는 것이 구체적으로 무엇인지 한마디로 정리하기가 쉽지 않습니다.

　도서관에 가서 '질'에 대한 책을 찾아봤더니 신기하게도 관련된 책이 있었습니다. 《질의 철학》이라는 책이었는데, 그 책을 뒤적여보니까 "질이란 원목적에 대한 응합도를 말한다"라고 쓰여 있었습니다. 표현이 어려워 그 말뜻에 대해 더 찾아보았더니 뜻풀이가 이 세상에 존재하는 모든 물건, 모든 조직은 원래의 목적이 있다는 점에서부터 출발했습니다. 영어로 말하면 '오리지널 평션Original Function'입니다. 예를 들어, 안경은 우리 눈이 잘 안 보일 때 시력을 교정해주는 것이 목적입니다. 의자는 사람이 푹신푹신하고 편안하게 앉을 수 있게 해주는 것이 목적이고, 마이크는 음성을 전기신호로 바꿔 스피커에 전달하는 것이 목적입니다.

이 책에서 흥미로웠던 부분은 '고질'과 '저질'에 관한 이야기였습니다. 원래 목적에 충실하면 고질이라고 부르고 그렇지 못하면 저질이라고 부른다는 것입니다. 더욱 재미있는 점은 '변질', '악질'이라는 개념도 있다는 것이었습니다. 변질이 무엇인지 찾아봤더니 원목적이 바뀌는 것을 의미했습니다. 원목적이 바뀌었다는 말은, 이를테면 원래는 과일을 깎아 먹으려고 만든 과도를 강도질하는 데에 썼다고 하면 그 칼의 원목적이 바뀐 것입니다. 또 은행 경비가 갑자기 욕심이 생겨서 은행을 털었다면 그것도 변질입니다.

더 심각한 것은 악질입니다. 악질은 원목적 자체가 나쁜 것입니다. 원목적 자체가 나쁘다는 게 무슨 말일까요? 불법 비디오를 예로 들어보겠습니다. 옛날에 우리가 비디오를 빌려보면 첫 부분에 호환·마마보다 더 무섭다고 나왔던 그 불법 비디오를 말씀드리는 것입니다. 이런 비디오는 아무리 화질이 좋아도 본 사람의 영혼에 나쁜 영향을 미치기 때문에 원목적 자체가 나쁩니다. 순도가 높아서 조금만 먹어도 약효가 오는 마약은 어떨까요? 하이퀄리티지만 악질입니다. 이렇게 질도 여러 가지로 분류되는데, 결론적으로 이 세상에 있는 저질, 변질, 악질이 없어지면 사회 전체가 업그레이드되어서 좋은 세상이 될 수 있다는 것이 질의 철학이었습니다.

위기의 삼성,
이렇게 바꿨다

□

신경영을 준비하던 우리의 관심사는 질의 개념 자체보다는 당연히 제품이나 기업의 질이었습니다. 정말 좋은 기업이 무엇인지 알아내는 것이 최종 목적이었습니다. 그 고민은 어떻게 하면 삼성을 글로벌 경쟁 사회에서 통용되는 좋은 기업으로 만들 것인가 하는 모색이기도 했습니다. 우선 삼성에 대해 몇 가지 진단을 했습니다. 그 결과 삼성 안에는 큰 문제가 있다는 자기반성을 하게 되었습니다. 객관적으로 한발 물러서서 보면 분명히 잘못된 일인데, 그것을 잘못인 줄 모르고 계속 반복하는 일이 있었습니다.

가볍게는 시간을 안 지키는 경우가 있었고, 좀 더 심각하게는 물건이 불량인 것을 알면서도 그냥 시장에 출하하는 경우가 있었습니다. 아까 제가 불량품 문제가 신경영 운동의 출발점이라고 말씀드렸는데, 그 불량품이 어쩔 수 없이 나온 것이 아니라 알면서도 내보낸 것이었습니다. 대체 어떻게 그런 일이 있을 수 있는지 의문을 가질 수도 있겠지만, 예전에는 공장에 생산 목표가 있었습니다. 생산 목표를 채우지 못하면 그 공장에서 일하는 사람 전체가 페널티를 받게 되니까 불량이라도 일단 판매하고 나서 나중에 애프터서비스를 해주면 된다는 생각으로 불량품을 출하했던 것입니다. 그런데 그런 불량품이 시장에 나가면 회사의 브랜드 이미지는 땅에 떨어지고 맙니다. 그럼에도 옛날부터 그렇게 해왔으니까 잘못되었다는 것을 느끼지 못했던 것입니다. 일종의 도덕불감증이었습니다. 저의 진단은 불량품이 생기는 이유가 사람들의 사고방식 또는 생활 태도가 잘못되었기 때문이라는 것이었습니다.

또 당시 글로벌 우수 기업들, 전 세계 최고 기업들과 비교하면 삼성은 기술이나 개발 등 여러 가지 면에서 수준이 낮았음에도 국내에서는 최고라고 사람들이 이야기해주니까 삼성의 부족한 점을 몰랐던 것이 문제였습니다. 우물 안 개구리의 자만심이라고 표현할 수 있는 부분입니다. 그때 한국은 시장 개방을 눈

무엇이든지
나에게 새로운 일이 닥치면
배워서 할 수 있다는
학습 역량이 있어야만

변화와 역경 앞에서도
당당히 설 수 있습니다.

앞에 둔 상황이라 삼성이 환골탈태하지 않으면 망할 수밖에 없었는데, 그 사실을 사람들이 몰랐습니다. 위기의식이 없었던 것입니다.

이런 문제들을 발견한 후, 삼성을 개혁하는 방법에 대해 생각했습니다. 삼성의 임직원들이 거부감 없이 자신들이 도덕불감증에 걸려 잘못된 행동을 반복하고 있다는 사실을 깨닫게 할 구체적인 방법이 필요했습니다. 글로벌 수준과 비교했을 때 삼성의 수준이 매우 낮다는 것도 반드시 인식시켜야 했습니다. 그래서 인력개발원에 모인 전문가들이 머리를 맞대고 교육 프로그램을 만들기 위해 상의하기 시작했습니다.

처음에는 도덕불감증에 대한 이야기로 출발했습니다. 먼저 스스로에 대해 반성했습니다. 따져보니까 그 자리에 모인 전문가들에게도 도덕불감증이 다 조금씩은 있었습니다. 대체로 공부 잘하고 착실하고 성실한 사람들이었는데 왜 그런 부정적인 측면이 있었는지를 분석했습니다. 결론은 자기 자신에 대해 한 걸음 물러서서 곰곰이 생각해볼 시간적 여유가 없었기 때문입니다. 너무나 바쁘게 돌아가는 일상과 회사 생활 속에서 열심히 일하는 데에만 집중하다 보니 자신에 대해 생각할 시간이 없었던 것입니다. 그래서 잘못된 길로 가고 있는데도 그것을 인지하지 못했던 것입니다.

이런 결론에 도달하면서 삼성의 임직원들에게 자신에 대해 생각해볼 시간을 만들어주자는 계획을 세우게 되었습니다. 일단 전국에 있는 삼성의 모든 부장들을 모아 대략 50명 단위로 팀을 짰습니다. 그리고 공기 맑고 경치 좋다는 곳을 수소문해서 숙박 시설이 있는 곳으로 갔습니다. 가서 몇 가지 원칙을 세웠습니다. 일주일 일정이었는데, 첫 번째는 돈이 많이 들더라도 1인 1실, 독방을 쓰게 하는 것이었습니다. 두 번째는 둘 이상 몰려다니지 말 것, 세 번째는 자유 시간을 충분히 갖는 것이었습니다. 아침에 일어나면 아침 먹고 자유 시간, 점심 먹고 자유 시간, 저녁 먹고 자유 시간이었습니다. 처음에는 사람들이 적응을 하지 못했습니다. 도대체 왜 이러는지, 해고라도 당하는 것은 아닌지 매우 궁금해하는 모습이었습니다.

하지만 차차 시간이 지나면서 사람들이 이런 이야기를 하기 시작했습니다. 자기는 초등학교 때부터 직장인이 된 지금까지 이렇게 여유 있는 시간을, 그것도 가족이나 동료와 함께도 아니고 혼자서 지내본 적이 한 번도 없었다는 것이었습니다. 그리고 하루가 지나고 이틀이 지나니까 사람들이 사색에 빠져들기 시작했습니다. 지나온 인생을 생각하고 앞으로 어떻게 살아갈 것인지에 대해 생각하기 시작했습니다. 아내에게 편지를 쓰는 사람도 있었습니다. 그때만 해도 임원들 중에 여성은 극소수로, 결혼한 남자가 대부분이었습니다. 그중에는 결혼한 지 30년이 되었는데 처음으로 아내한테 편지를 써본다는 사람도 있었습니다.

그렇게 시간을 보내다가 교육 마지막 날에 딱 한 가지만 주문을 했습니다. 앞으로 좀 더 보람 있는 인생을 살기 위해, 후회 없는 인생을 살기 위해 무엇을 할 것인가에 대해 써보라고 권했습니다. 그다음에 그 글을 복사해서 한 부는 가져가고 두 부는 편지 봉투에 넣어 자신이 받아볼 주소를 써서 맡기도록 했습니다. 왜냐하면 일주일 동안 곰곰이 생각해 스스로 내린 결론이지만, 작심삼일이라는 말이 있듯이 돌아가서 금방 잊어버릴 수도 있으니까 잊어버릴 때쯤 보내준다는 취지였습니다. 적힌 글의 내용을 보면, 담배를 끊겠다고 쓴 사람부터 부하 직원에게 앞으로 절대 소리를 지르지 않겠다거나 일주일에 한 번은 가족과 꼭 시간을 보내겠다거나 영어 공부를 해서 몇 달 내에 영어 회화 몇 급이 되겠다는 등등 갖가지 사연이 있었습니다. 당시 교육에 참여했던 사람들은 그 경험이 이제까지 겪어보지 못한 상당히 커다란 충격이었고, 그 교육을 계기로 해서 자극을 받아 새롭게 인생을 살게 되었다고 말하기도 합니다.

그다음 과제는 스스로 우물 안 개구리라는 것을 깨닫게 하는 일이었습니다. 삼성의 수준이 낮다는 것을 인식하지 못하는 이유는 뛰어난 제품을 접해보지 않았기 때문이었습니다. 그 당시 삼성은 수출을 대단히 많이 했습니다. 그런데 수출품 중에 상당량은 삼성이 아니라 외국 브랜드가 붙어 있었습니다. OEM, 즉 주문자 상표 부착 방식으로 물건을 만들어 판매한 까닭입니다. 물론 삼성 브랜드를 붙여 텔레비전이나 냉장고를 수출하긴 했습니다. 하지만 홍콩 시장이나 미국 시장 등에서 삼성 제품은 질이 낮은 상품으로 인식되어서 싸구려 제품 취급을 받았습니다. 그런데 그것을 직접 경험해보지 못하고 나름대로 열심히 물건을 개발해서 만들고 많이 팔고 있으니까 이 정도면 괜찮다고 생각했던 것입니다.

그래서 그런 사람들을 직접 해외시장에 출장을 보냈습니다. 해외에서는 당시 이미 양판점 비슷한 형태로 여러 가지 브랜드를 한곳에서 파는 대형 매장들이 있었습니다. 그런 곳에 가보니 삼성 제품을 찾아볼 수가 없었습니다. 분명히 그 양판점에서 판다고 들었는데 안 보였던 이유가 무엇이었을까요? 가장 후미진 곳에 먼지를 뽀얗게 뒤집어쓴 채 진열되어 있어서 잘 보이지 않았던 것입니다. 게다가 일본 제품의 3분의 2도 안 되는 가격표가 붙어 있었습니다. 밤새워 개발하고 피땀 흘려 만든 제품이 미국 시장에 수출되었다고 좋아했는데, 막상 와서 보니까 싸구려 제품 취급을 당하고 있다는 사실을 눈으로 보고 비로소 알게 된 것입니다.

그때부터 위기의식이 싹트기 시작했고, 그 기운을 모아 신경영을 꾸준히 추진한 끝에 1993년 이후로 삼성이 고속 성장을 하게 되었습니다. 국내 최고에서 세계적으로 인정받는 기업이 되기까지 지난 18년 동안 꾸준히 성장해왔던 것입니다. 그래서 요즘은 역으로 중국, 일본 기업뿐만 아니라 세계적인 선진 기업에서도 삼성에 벤치마킹하러 많이 오고 있습니다.

기업의 질,
그리고 대학생의 질

◻

이제 좋은 기업이란 무엇인지에 대해 결론을 내려볼 때가 된 것 같습니다. 앞에서 언급한 하이퀄리티의 정의에 따르면, 질이 좋은 기업이 무엇인지 알아내려면 기업의 원목적이 무엇인지를 생각해봐야 할 것입니다. 기업의 원목적에 대해 여러 사람이 모여서 토론하고 책을 뒤져본 결과 기업의 원목적은 'CS+E'라는 결론이 나왔습니다. '커스터머 새티스팩션Customer Satisfaction'의 약자인 CS는 이제 누구나 쓰는 용어가 되었습니다. 여기에 추가된 E라는 것은 '이피션틀리Efficiently'입니다. 한마디로 고객을 효율적으로 만족시키는 것이 기업의 원목적입니다. 적은 비용을 들여 고객을 만족시켜야 한다는 뜻입니다. 효율적으로 고객을 만족시킬 수 있다면 그것보다 더 좋은 기업은 없을 것입니다. 기업은 기본적으로 원가보다는 판매 가격이 비싸야 합니다. 동시에 판매 가격보다는 가치가 높아야 합니다. 고객이 100원을 주고 물건을 사서 사용했을 때 100원이 아깝지 않다는 생각을 해야 물건이 계속 팔릴 수 있는 것입니다.

이어서 이런 생각을 한번 해보겠습니다. 대학생의 질은 무엇으로 판가름을 해야 할까요? 대학생의 원목적은 무엇이라고 생각하십니까? 또 대학생과 청소년의 다른 점은 무엇일까요? 우리나라에서는 보통 대학생부터 성인이라고 하는데, 성인과 성인이 아닌 사람을 비교해보면 몇 가지 차이가 있습니다. 나이가 들어서도 성숙하지 못한 사람이 있고 그 반대의 경우도 있지만, 대략적으로 규정지어 보는 것입니다. 어린이나 청소년은 모여서 오랫동안 이야기해도 정답에 잘 도달하지 못합니다. 또 무엇이 중요하고 무엇이 중요하지 않은지 분간하는 데에 어려움을 느낍니다. 그리고 싫증을 잘 내거나 쉽게 변덕을 부리기 일쑤입니다. 게다가 스스로를 무척 대단한 존재처럼 생각하기도 합니다. 경험이 부족해서 그럴 수도 있고, 성찰이 부족한 까닭일 수도 있겠습니다. 대학생의 질을 따질 때 이런 것들과 얼마나 거리를 두고 있느냐가 유효한 기준이 될 수 있지 않을까 싶습니다. 대학생도 가짜 대학생이 있을 수 있습니다. 단순히 학생증이 있고 없고가 중요한 것이 아니라 대학생의 기준을 충족하는지 여부에 따라 진짜 대학생과 가짜 대학생을 구분할 수 있을 것입니다.

더불어 말씀드리면 대학생은 인생에서 본격적인 오르막이 시작되는 나이입니다. 대부분 대학생 이전까지는 평평한 길을 걸어왔을 것입니다. 자전거 시합이나 마라톤을 할 때에도 평지를 달릴 때에는 그렇게 큰 차이가 나지 않습니다. 오르막이 시작되고 나서부터 실력이 나오기 시작합니다. 그래서 저는 대학 시절은 본격적으로 실력을 발휘하기에 앞서 앞으로 프로가 되기 위해 준비하는 시간이라고 생각합니다.

그렇다면 프로라는 것은 무엇일까요? 프로는 전문 직업을 뜻하는 말로 많이 쓰입니다. 특별한 수련 과정을 거쳐서 배워야 하는 특수한 지식을 능숙하게 활용해서 특별한 문제를 해결하는 역량을 갖춘 사람을 프로라고 부릅니다. 보통 의사, 변호사 같은 사람들입니다. 이런 직업에는 특별한 수련 과정이 있습니다. 그 외에 어떤 일을 하든지 그 일이 생업이 된 사람들, 예를 들면 프로 골퍼나 프로 야구선수 같은 사람들도 프로라고 부릅니다.

하지만 저는 꼭 그 개념 안에서 프로를 정의하고 싶지는 않습니다. 자기 스스로가 자기를 어떻게 생각하느냐에 따라 프로인지 아닌지를 따져볼 수 있다고 봅니다. 자신을 아마추어 정도로 생각하면 그 사람은 아마추어인 것이고, 프로라고 생각하면 프로인 셈입니다. 이제부터 바로 그 태도의 차이에 대해 말씀드리려고 합니다.

학습 역량이
성패를 좌우한다

□

프로가 되기 위한 조건이나 프로의 경쟁력을 갖추기 위한 노력에 관한 이야기는 인터넷 검색만 해보아도 무수하게 찾을 수 있지만, 그럼에도 이런 이야기를 하고 싶습니다. 얼마 전, 보험설계사로 20년 이상 근무하면서 성공한 사람들이 쓴 책을 한 권 읽었습니다. 그 수기를 읽으면서 성공하는 사람의 공통점이 무엇인지 찾아봤습니다. 보험설계사나 보험모집인을 좋은 직업이 아니라고 생각하는 사람도 있지만, 그 직업에서 성공한 사람들은 전부 자기 직업에 대단한 자부심과 열정이 있었습니다. 보험이라는 것이 정말 좋다는 믿음이 있었다는 이야기입니다. 프로 기사로 성공한 사람이든 프로 야구선수로 성공한 사람이든 음악가든 미술가든 어떤 분야에서든지 최고 수준에 오른 사람들의 공통점은 자신이 하고 있는 일에 자부심과 열정이 있다는 것입니다.

성공하려면 평생 자부심과 열정을 바쳐도 아깝지 않은 직업과 직장을 선택해 자신을 바쳐야 합니다. 꿈을 달성하기 위해서라면 목숨을 바쳐도 아깝지 않고 그 일을 해서 사회에 기여하는 것이 진심으로 자랑스럽다고 말할 수 있는 일을 찾아야 합니다. 그런 맥락에서, 대학에서 학점을 따고 졸업하는 것이 정상적인 대학 생활의 전부는 아니라고 봅니다. 스스로 정말 하고 싶은 일이 무엇인지 찾고 다가서려는 노력이 필요합니다. 그러려면 직간접적인 경험을 충분히 해야 합니다. 그런 것이 바로 공부입니다.

프로 직업인들의 공통점 중 하나가 평생 학습했다는 것입니다. 앞에서 말씀드린 책에서 수기를 쓴 사람 중에 이런 분이 있었습니다. 그분은 가난한 농부의 자식으로 태어나 가난한 농부와 결혼한 후 나물을 뜯어 팔아서 생계를 이어갔습니다. 봄이면 소백산 기슭에서 나물을 뜯어 영주시장에 내다 팔았는데, 그 나물을 팔아 번 돈으로 1년 생계를 책임져야 했다고 합니다. 그러던 어느 날 이분이 지인의 권유로 보험모집인 일을 시작하게 되었고, 그 일을 열심히 해서 읍내에 집을 사서 이사를 했답니다. 자기는 그런 꿈조차 꾸어본 적이 없었는데 하다 보니까 그렇게 되었다고 합니다. 그리고 지금 나이가 예순이 넘었는데 이분의 별명이 '전산電算 박사'입니다. 초등학교를 다니다 말고 산에서 나물을 뜯던 분이 열심히 배워서 지금은 동료 모집인 사이에서 전산 박사라는 말을 듣고 있다는 것입니다. 평생 학습의 이상적인 형태는 이와 같은 것이라고 생각합니다.

하지만 평생 학습은 그냥 이루어지지 않습니다. 습관이 필요합니다. 그런 이유로 대학 때 갖춰야 할 중요한 역량 중에 하나가 바로 학습 역량입니다. 초등학교부터 대학교 때까지 배운 지식의 양은 여러분이 흔히 들고 다니는 1기가, 2기가짜리 USB에 집어넣으면 다 집어넣고도 저장 용량이 남을 정도의 양밖에 되지 않습니다. 앞으로 살아가면서 배워야 할 지식은 무수히 많습니다. 그래서 계속 배워야 합니다. 그리고 그것을 가능하게 해주는 힘이 학습 역량입니다.

학습 역량은 전혀 모르는 문제가 주어졌을 때 그것을 해결하고 문제점이 무엇인지를 발견하는 능력이기도 합니다. 모르는 것에 대한 호기심과 그것을 알고 싶다는 목마름이 없으면 평생 학습이 되지 않습니다. 토익점수가 몇 점인지가 중요한 것이 아닙니다. 격투기 선수가 태권도가 몇 단이고 유도가 몇 단인지가 중요할까요? 무엇이든지 나에게 새로운 일이 닥치면 배워서 할 수 있다는 학습 역량이 있어야만 변화와 역경 앞에서도 당당히 설 수 있습니다. 스스로 공부하고, 스스로 문제를 해결해보고, 스스로 문제가 무엇인지 발견해보는 그런 훈련을 대학 때 많이 해둬야 합니다.

대학 생활을
프로의 밑거름으로 삼게 해주는 힌트
□

기업의 원목적이 CS+E라고 말씀드렸는데, 이것은 일상에서 타인과 관계를 맺을 때에도 생각해봐야 할 부분입니다. 꼭 회사와 고객 사이의 관계만이 아니라 만약 내가 남편이라면 가장 중요한 고객은 아내입니다. 하이퀄리티 남편이 되려면 아내를 만족시켜 줘야 합니다.

내 주위에 있는 모든 사람은 내 고객입니다. 누군가 나를 좋게 인정했다면 그는 또 다른 사람에게 나를 소개해줄 것입니다. 영업을 하는 사람들이 한 손님한테 잘하면 그 손님이 또 다른 손님을 소개해주고 또 소개해주고 하면서 마치 실타래가 풀리듯이 한 사람과의 좋은 인연으로 많은 사람과 연결된다는 이야기를 합니다. 요즘 강조되는 네트워킹과 상통하는 부분입니다.

그리고 성공한 프로 직업인들은 목표는 조금 높게 잡고 경력이 쌓일수록 기본에 충실해야 한다고 충고합니다. 텔레비전에서 야구 경기 중계를 보는데 어떤 야구선수가 나와서 번트를 두 번이나 못 댔습니다. 번트도 못 대면서 무슨 프로 선수냐고 속으로 투덜거리는데 바로 홈런을 쳤습니다. 그렇다 해도 제가 감독이라면 그 선수를 다음에 내세울지는 다시 생각해볼 것 같습니다.

세상에는 정석이 있습니다. 먼저 정석을 익히고 나서 묘수를 배워야지, 정석도 모르면서 배운 묘수는 일종의 속임수나 사기에 해당합니다. 그림에 대해 잘 모르는 사람이 피카소가 그린 그림을 보면 아무렇게나 그렸다고 생각할 수 있지만, 피카소는 그런 그림 말고 일반 사람들이 생각하는 그림도 아주 잘 그렸습니다. 그러다가 깨달은 바가 있어서 추상화로 분야를 옮겨갔기 때문에 피카소의 작품이 인정받는 것입니다. 대학생이라면 알아야 하는 기본에 충실해야 합니다. 직장에서도 T 자형 인재를 선호합니다. 자기 전공 분야에서는 남보다 깊이 알면서도 두루두루 상식이 풍부하고 기본 지식을 어느 정도 갖춘 사람을 좋아합니다.

이런 것들을 종합해서 결론을 내려보겠습니다. 스스로를 프로로 생각하는 태도가 중요하다고 말씀드렸는데, 그러려면 가장 필요한 것이 잘해야겠다는 의지, 열정을 바쳐 이 일을 잘해보겠다는 의지, 그리고 나한테 맡겨진 일은 반드시 잘해내고야 말겠다는 책임감이 있어야 합니다. 나에게 맡겨진 일은 반드시 해낸다는 책임감이 없는 사람은 프로로서 자격이 없습니다. 자기에게 맡겨진 일의 문제가 뭔지 진단하고 그 문제의 해법을 찾아낼 수 있는 역량을 갖춰야 합니다.

나아가 윤리까지도 생각해봐야 합니다. 프로는 좋은 사람이어야 합니다. 내가 이 일을 해도 되나? 혹시 이것이 내 잘못이 아닌가? 이 일로 말미암아, 이 결정으로 말미암아 나는 나 자신을 어떻게 생각할 것인가? 그리고 지금 내가 하려는 일이 신문에 실려도 괜찮은가? 이런 질문을 던져서 긍정적인 답을 내릴 수 있어야 합니다.

마지막으로 꼭 드리고 싶은 말씀이 있습니다. 분노에 관한 이야기입니다. 삶에 대한, 또는 타인에 대한 분노와 원망이 있으면 시야가 좁아진다고 합니다. 그런데 부조리에 대한 분노를 전

잘해야겠다는 의지, 열정을 바쳐
이 일을 잘해보겠다는 의지,
그리고 나한테 맡겨진 일은
반드시 잘해내고야 말겠다는
책임감이 있어야 합니다.

혀 느끼지 못하는 젊은이는 젊은이라고 볼 수 없습니다. 젊은 시절에는 이상하게 화가 많이 납니다. 아마 젊은 혈기 때문일 것입니다. 이때 화를 잘 다스릴 수 있어야 합니다. 어떤 일로 나를 화나게 한 사람이 있으면 그 사람 입장이 한번 되어보십시오. 화를 잘 내는 사람은 주변에 있는 사람들이 피합니다. 그것은 스스로 고립시키는 길임을 잊지 말고, 분노를 잘 조절해야 합니다. 제가 젊었을 때 잘못한 게 무엇이 있을까 생각해보면 후회되는 일이 몇 가지 있는데, 화를 다스리지 못해서 생겨난 일이 대부분입니다.

사과와 사과 씨를 떠올려봅니다. 사과 속에 씨가 몇 개 들어 있는지는 누구나 다 알 수 있습니다. 잘라서 세어보면 됩니다. 그런데 이 사과 씨 안에 사과가 몇 개 들어 있는지는 아무도 모릅니다. 청춘은 사과 씨와 같은 존재입니다. 정말 목숨을 바쳐도 아깝지 않은 목표를 찾아서 열심히 그 목표를 이루고자 한다면 그 청춘은, 그 하나의 사과 씨는, 커다란 사과나무로 성장해 무수히 많은 사과를 맺고 그 사과들로 사회에 큰 공헌을 할 수 있을 것입니다.

그리고 젊은이들이 그런 꿈을 가지고 뛸 때 우리 사회가 충분히 도와줄 수 있을 것이라고 생각합니다. 열정을 가지고 열심히 해서 좋은 꿈을 이루길 바랍니다.

Q. 대학 생활에서 꼭 해봐야 할 것은 무엇이 있을까요?

질문하신 분에게 오히려 제가 묻고 싶습니다. 뭘 하고 싶으시냐고요. 남들이 하라고 정해주는 것보다 자신이 하고 싶은 것을 해야 합니다. 하고 싶은 게 너무 많으면 우선순위를 정하십시오. 우선순위를 정하는 것은 상당히 중요한 일입니다. 어린아이는 무엇이 중요한지 잘 모른다고 말씀드렸습니다. 어른은 무엇이 중요한지 구분해야 하는데, 그 우선순위는 나의 커리어 목표가 무엇이고 어떤 사람이 되고 싶은가 하는 목표에 따라야 합니다. 물론 젊은 시절에 정하는 목표는 바뀔 수 있습니다. 다만 바꾸더라도 즉흥적인 기분이나 순간적인 생각에 따르기보다는 여러 가지를 고려해야 합니다. 이 일이 내가 잘할 수 있는 일인지 생각해야 하고, 이 일이 정말 보람 있는 일인지, 내가 평생 열심히 하고 나서 후회하지 않을 만한 일인지에 대해서도 생각해야 합니다. 목표를 정하고 그 목표를 달성하려면 지금 해야 할 일이 무엇일지 찾아야 하는 것입니다.

굳이 짚어보자면, 대학생이라면 자기가 읽고 싶은 책을 열 권쯤 찾아서 아무것도 안 하고 책만 읽어보는 경험은 해보셨으면 합니다. 꼭 책이 아니더라도 무엇에 그렇게 도전해서 몰두해보면 나중에는 그것이 두렵지 않습니다.

Q. 힘든 일이 있을 때, 하는 일에서 불안감이 올 때 어떻게 마인드 컨트롤을 하시나요?

먼저 원인을 진단해야 합니다. 저는 불안한 경우가 두 가지 있습니다. 하나는 뭔가 잘못을 저지르고 숨기고 있을 때 들통 날까 봐 불안한 경우이고, 또 다른 하나는 해야 하는 일을 안 했을 때입니다. 그럴 때 멍하니 앉아 고민만 하는 것은 도움이 안 됩니다. 생각을 구체화해서 원인을 찾아내고, 실질적으로 그 문제를 어떻게 해결할지 계획을 세웁니다. 진단을 통해 원인을 알았으면 거기에 맞는 해결 방법을 구체화해서 바로 실행하는 것입니다. 막연한 불안감이나 두려움, 초조함을 가지고 불편하게 오래 있지 않으려고 노력합니다.

박근희

소속 삼성생명 사장
학력 청주대학교 상학 학사
경력 삼성캐피탈/삼성카드 대표이사 사장,
삼성그룹 중국 본사 사장 겸 삼성전자 중국 총괄 사장

삼성 그룹 내 경영분석 및 관리, 영업 부문의 전문가이다. 삼성캐피탈 대표이사 사장, 삼성카드 대표이사 사장을 거쳐 삼성그룹 중국 본사 사장 및 삼성전자 중국 총괄 사장을 담당해왔고, 현재 삼성생명 대표이사 사장으로 재직 중이다. 그룹 내 주요 계열사를 두루 거친 그는 그룹 경영진단팀장을 맡아 조직의 경쟁력을 높이는 데에 크게 기여했다는 평가를 받았다. 삼성캐피탈을 맡을 당시에는 삼성카드와의 합병을 성공적으로 마무리해 경영 능력을 인정받았고, 통합 삼성카드에서는 영업 부문 사장을 맡아 통합 이후 우려되었던 영업력을 신장하는 데 기여했다. 중국에서는 중국 대지진 등 격변 속에서도 수년간 삼성 제품(LED 텔레비전, 휴대전화 등)이 중국 내 1위를 차지하는 위상을 확보하고, 현지 브랜드 가치를 높이는 데에도 중요한 역할을 했다. 박근희가 전하는 직장 생활, 사회생활의 노하우를 들어보자.

상식대로
사는 삶이 중요하다

◻

훌륭한 리더가 되고자 무엇을 준비하고 어떤 꿈을 가져야 하는지, 제 삶을 바탕으로 여러 가지 이야기를 나누고 싶습니다. 아무래도 제가 기업에서 대부분의 시간을 보내온 만큼 사회생활, 직장 생활 경험이 이야기의 중심이 될 것 같습니다.

저는 청주에서 태어나서 20대 초반까지 청주에서 성장했습니다. 1976년에 대학교를 졸업하고 군대를 다녀와서 1978년에 삼성에 입사했습니다. 1984년 3월에 과장으로 승진하고, 11년 후에 삼성의 임원이 되었습니다. 그리고 2001년에 전무가 되었다가 2004년에 사장으로 승진했습니다. 삼성캐피탈, 삼성카드의 사장을 거쳐 삼성 그룹의 중국 본사에서 꽤 오래 있었습니다. 삼성생명의 사장이 된 지는 그리 오래되지 않았습니다.

제 이력이 저희 세대에서는 조금 독특한 축에 속했다는 점을 말씀드리고 싶어 직장 내 경력을 설명해보았습니다. 요즘에도 그런 것이 있다면 큰일이겠지만, 제가 처음 회사에 입사했던 시절만 해도 지역이나 학벌에 대한 편견이 상당히 컸습니다. 저는 고향이 충청북도 청원군 미원면 금관리입니다. 시골이고 변두리라는 느낌이 들 것입니다. 한마디로 촌놈이었습니다. 게다가 고등학교도 인문계 고등학교가 아닌 상업고등학교를 나왔습니다. 대학도 지방에 있는 대학교를 졸업했고요.

하지만 정말 그런 점을 저의 단점으로 생각해본 적이 없습니다. 애초에 기준이 달랐다고 할 수도 있겠습니다. 이유는 정확히 알 수 없지만, 지역이나 학교가 그 사람의 실제 능력과 직결되는 건 아무것도 없음을 알고 있었습니다. 사실 논리적으로만 생각해도 당연한 이야기입니다. 지역은 단지 그 사람이 태어난 동네이고, 학교는 학문을 갈고닦은 곳입니다. 그리고 기업은 물건을 파는 곳입니다. 세 가지 사이에 상관관계가 얼마나 될까요? 저는 잘 모르겠습니다.

종종 다른 사람들에게 부모님이 농촌에서 평생 농사지으

박
근
희

시면서 저를 가르치셨다는 사실이나 땅 팔고 소 팔아서 대학 등록금을 대주신 데에 대한 감사, 어느 고등학교, 어느 대학 출신이라는 이야기 등을 스스럼없이 합니다. 그것이 핸디캡이 될 거라고 생각해서 돌려서 표현하거나 모호하게 이야기하거나 하지 않았습니다. 항상 능력으로 부딪치면 안 될 것이 없다고 믿었습니다. 입사했을 때 저보다 좋은 환경에서 태어나 좋은 대학을 나온 친구들이 많이 있었습니다만, 지금은 제가 가장 좋은 이력을 갖게 된 것 같습니다. 그렇다고 해서 제가 뭔가 꼼수를 부리거나 들으면 깜짝 놀랄 만한 비법을 갖고 있었던 것도 아닙니다. 삼성이라는 기업 문화 안에서 치열하게 살아남는 요령이나 노하우에 대한 이야기를 기대하는 분도 있겠지만, 그런 부분에 대해서는 특별히 드릴 말씀이 없습니다. 삼성의 임원이라고 해서 평범한 사람과 다른 별종은 아닙니다. 늘 상식적인 수준에서 살아왔고, 지금도 마찬가지입니다.

다만 사회생활을 하면서 꼭 생각해보아야 할 부분은 있다고 생각해서 몇 가지 조언을 드리려고 합니다. 먼저 다소 원론적인 이야기로 출발하겠습니다. 인간의 삶은 갈등의 연속이라는 점

가장 성공적인 조직은
리더와 폴로어가 수직 관계가 아니라
수평적이며 협조적인 관계를
유지합니다.

을 먼저 짚어보겠습니다. 갈등은 다른 사람과의 갈등도 있지만, 실상 가장 중요한 것은 자기 자신과의 갈등입니다. 스스로와 치르는 싸움인 셈입니다. 이때 사회 안에서 통용될 수 있는 나름의 기준과 판단을 하는 것이 무척 중요합니다. 청소년기부터 힘들고 어려운 갈등을 겪는 분들도 있겠지만 대부분은 학창 시절에 그렇게까지 큰 갈등은 겪지 않았을 거라고 봅니다. 어쨌든 학창 시절에는 나를 보호해주는 사람이 있고 학교라는 울타리가 있습니다. 어리기 때문에 실수를 해도 받아들여지는 부분이 많습니다. 그런데 사회인이 되고 직장인이 되면 훨씬 총체적인 갈등에 봉착합니다. 사회와 직장은 이전에 속해 있던 환경에 비하면 대단히 복잡하고, 다양한 사람이 있고, 각각의 가치관이 모두 다르기 때문입니다. 물론 뉴스를 통해 사회에 어떤 갈등이 있는지 어느 정도는 알 수 있습니다. 하지만 눈으로 보는 것과 현장에서 주인공이 되어 갈등을 감당하는 일은 질적으로 다릅니다. 사실은 무척 힘듭니다.

이때 상기해보았으면 하는 것이 '상식과 순리'입니다. 직장 생활에서 제 좌우명이기도 합니다. 상식은 배려라는 말과 연관된다고 생각합니다. 상식에 맞지 않는 말을 하면 그것은 몰상식이 됩니다. 순리에 맞게 좋은 방향으로 단체를 이끌고 있는데 혼자 역행한다면 집단과 등지는 사람이 되는 것입니다. 제 말을 단체에 무조건 순종하는 개성 없는 사회생활을 하라는 소리로 오해하지는 않았으면 합니다. 다만 사회나 직장이 나 하나가 앞장서는 무대라기보다는 모두 함께 움직이면서 같은 마음을 가져야 유지되고 목표에 도달할 수 있는 공간이라는 점을 생각했으면 합니다. 바로 자신과의 갈등에서 상식과 순리에 맞게 행동하길 바랍니다.

공부하는
습관의 중요성

□

그런 맥락에서 본연의 임무, 본분에 충실했으면 합니다. 학생의 본분은 공부라고 하는데, 그러다 보니까 학생이 아니면 공부가 끝나는 것으로 아는 사람도 있습니다. 절대 그렇지 않습니다. 저도 명색이 사장이니까 더 이상 공부를 안 하고 살아도 문제없을 것 같지만 이 나이에 이 직위에도 계속 공부를 합니다. 한 달에 책을 최소한 10권 이상 읽습니다. 왜냐하면 공부하지 않으면 정신없이 돌아가는 경영 환경에 적응할 수가 없습니다. 입사 초기에 회사에서 공부를 시키면 참 싫어했는데, 돌이켜보면 후회가 됩니다. 부하 직원들을 보면 공부하는 습관이 있는 사람과 그렇지 않은 사람 사이에 격차가 존재한다는 것을 솔직히 많이 느낍니다. 더 무서운 것은, 그 차이가 점점 누적된다는 사실입니다.

공부를 꾸준히 하는 사람과 그렇지 않은 사람의 10년 후는 많은 차이가 존재합니다.

학생의 본분이 공부라고 하는 데에는 다른 이유가 있다고 생각합니다. 우리가 습관의 중요성을 이야기합니다. 학생일 때 공부를 열심히 한 사람은 평생 공부를 열심히 할 수 있습니다. 주변에 보면, 가끔 의대 다니면서 사법시험에 합격하는 사람이 나타납니다. 그게 어떻게 가능하냐면, 그 사람이 천재라서가 아니라 공부하는 습관이 되어 있기 때문입니다. 습관이 안 되어 있으면 일부러 공부를 해야 하는데 일부러 하려니까 힘들고 딴생각이 납니다. 공부가 습관인 사람은 말 그대로 공부를 그냥 합니다. 그래서 당장의 성적도 중요하지만 평생 지탱해줄 습관을 학창 시절에 만든다고 생각하고 학생인 사람은 공부에 충실해야 합니다. 사회는 자신이 전공한 분야에 대해서만 물어보지 않습니다. 사방에서 질문이 들어오기 때문에 가능한 한 많이 준비하고 항상 노력하십시오.

그리고 자기 분야에서 프로가 되어야 합니다. 조금 거칠게 말하면, 사회와 직장에서는 봐주는 것이 없습니다. 직장으로 따지면 사원이 회사에 뭔가 기여를 하니까 월급을 주는 것입니다. 단지 구성원이라서, 어떤 아이의 아빠니까, 인간적으로 불쌍하니까 급여를 지불하지는 않습니다. 따라서 당연한 말이지만, 일한 만큼 성과를 창출할 때 회사의 일원으로서 가치를 갖는 것입니다. 그런 의미에서 사원은 가장 높은 성과를 내는 1등이 되려고 노력해야 합니다. 그 분야에서 최고가 되고, 누구든 그 분야에서 궁금한 점이 생겼을 때 나를 찾아와 자문을 구할 수 있도록 성장해야 합니다.

제가 중국에 실제로 가서 일한 것은 2005년부터 6년 동안이지만, 중국과 관련된 일을 한 것은 한중 수교가 이루어지고 2년 후인 1994년부터였습니다. 오랜 기간 중국 사업을 준비하고 간 것입니다. 사장이라는 직함을 달고 있으니까 아무런 준비 없이 가서 그때부터 부딪히고 뭔가 만들어낸 것이 아닙니다. 처음 중국 사업에 관여하면서부터 적어도 삼성 내에서는 최고의 중국 전문가가 되어야겠다는 생각을 했습니다.

또한 영어 능력을 잘 갖추길 바랍니다. 아마 따로 이야기 안 해도 알겠지만, 영어를 잘해서 불리할 것은 없습니다. 당연히

본인의 브랜드 가치를
최고라고 생각하고 늘 당당하게
젊음의 패기와 열정, 건강을 무기로
인생에 도전하기 바랍니다.

문서를 해독하고 대화를 나눌 수 있는 수준으로 스스로를 단련해야 합니다. 지금 본인의 목표가 확고할지 몰라도, 실제 직장에 들어갈 때 원하는 위치로 들어간다는 보장이 없습니다. 전혀 그럴 계획이 없는데 해외 영업 부서로 발령을 받을 수도 있는 것입니다. 어느 직장에 가더라도 영어와 조금씩이라도 다 관련이 있고, 글로벌 환경에서 국내에서만 사업하는 기업은 없다고 봐도 됩니다. 해외 사업이 선택이 아니라 필수가 된 시대인 까닭입니다. 요즘 영어는 기본으로 다 하다 보니 영어만으로는 부족할 수도 있습니다. 경쟁력 있는 외국어 실력이 필요합니다.

무한 긍정!
마음을 열고 소통하자

◻

다음은 소통의 능력을 가지라고 조언을 하고 싶습니다. 앞서 말씀드렸다시피 직장과 사회는 이전의 세계보다 복잡합니다. 그중에 복잡한 것이 인간관계입니다. 신입 사원으로 입사하면 6개월 빨리 들어온 선배부터 50대 상사까지 있고, 고객과 거래처가 있고, 때로는 외국인도 있습니다. 각각의 부류와 어떻게 소통하겠습니까? 수많은 관계 안에서 이루어지는 것이 사회생활이고 직장생활이라고 한다면, 소통의 능력은 무척 중요합니다. 특히 상사와 커뮤니케이션하는 능력을 갖춰야 합니다. 일종의 지침이 되고 나를 이끌어주는 사람이기 때문에 잘 소통하지 못하면 길을 잃어버릴 수도 있습니다.

소통하려면 상대방의 입장을 이해해야 합니다. 아주 기본

박근희

적인 이야기인데 우리는 자주 잊곤 합니다. 20대와 50대가 만나면 대화가 잘 통하지 않는 게 어찌 보면 당연합니다. 아예 쓰는 용어 자체가 다르기 때문입니다. 향유하는 문화가 다릅니다. 얼마 전에 텔레비전에서 그런 프로그램을 하더군요. 20대와 50대가 만나서 서로 단어를 알아맞히는 게임을 하는데, 20대가 '움짤' 같은 단어를 물어보면 50대가 알 리 없겠죠. 이렇게 서로 차이가 있기 때문에 서로가 처한 입장, 살아온 환경을 생각하면서 대화하려고 해야 합니다. '왜 움짤이라는 말을 모를까, 왜 이 노래를 모를까, 역시 안 통하네'라고 단정하고 돌아서지 말고 마음을 먼저 열어야 합니다.

마음을 연다는 것이 말은 참 좋은데 어떻게 해야 할지 애매하긴 합니다. 여기에 대해서는 감사하는 마음을 가져보라고 말씀드리고 싶습니다. 우리의 경우 보통 부모가 아이에게 처음 가르치는 말이 무엇일까요? '엄마'라는 말입니다. 유태인들은 어떤 말을 가르치는지 혹시 아나요? 바로 '감사합니다'라는 말을 먼저 가르친다고 합니다. 무슨 일을 하든 감사하는 마음가짐을 가지라는 뜻에서겠죠. 감사하지 않고 내 자신이 해낸 덕분이라고 생각하고, 나만 잘나고 다른 사람은 못났다고 생각하면 마음이 열리지 않습니다. 그리고 뭔가 좋지 않은 일이 생기면 사회에 불만을 품게 됩니다. 나는 이렇게 잘하고 있는데 왜 사회는 나를 도와주지 않느냐는 마음이 듭니다. 잘 생각해보면 세상에는 감사해야 할 것이 가득합니다.

아울러 감사할 줄 아는 마음은 긍정적인 마인드로 연결됩니다. 직장 선배에게 혼났을 때 나쁘게 생각하면 기분만 안 좋습니다. 나를 무시했다고 생각할 수도 있습니다. 하지만 긍정적으로 생각하면 선배가 내 잘못된 부분을 고쳐주려고 그랬다고 고개를 끄덕일 수 있습니다. 동료들이 일을 도와주지 않는 경우는 어떨까요? 그래도 감사할 부분이 있습니다. 그러면서 혼자 할 수 있는 능력을 키우기 때문입니다. 물론 당장은 힘들고 기분 나쁠 수 있습니다. 사람인 이상 어쩔 수 없습니다. 그러나 그 순간을 넘기고 나서 그 사건이 나에게 어떤 의미를 갖는지, 무엇을 도와주었는지 생각하면서 감사하고 긍정적으로 받아들이기를 바랍니다.

박근희

참된 인간상,
리더로 가는 첫걸음

◘

또 한 가지 중요한 능력은 실천력입니다. 아무리 실력이 있다 하더라도 기업은 이론가, 평론가를 원하지 않습니다. 기업은 이론을 시험하는 장이 아니라 실제로 맞붙어서 승부를 보는 전쟁터입니다. '실천하는 자만'이 필요하다는 말이 있습니다. '만'이라는 단어만 놓고 보면 부정적이지만 '실천하는 자만'은 나쁜 것이 아닙니다. 햄릿을 생각해봅시다. 희곡 속 인물이긴 하지만 그 사람은 왜 그렇게 우유부단한가요? 배운 것이 없고 몸이 약해서 그런가요? 그렇다기보다는 자신감이 너무도 부족하기 때문입니다. 뭘 해도 불안하고 자기는 해낼 수 없을 것 같다는 생각이 깊어지면 결국 무엇도 실천할 수 없습니다. 설령 확신이 없고 불안하더라도 실천할 수 있는 자만이 해낼 수 있습니다. 자기 스스로를 믿고 이 정도는 해낼 수 있을 것이라고 격려하는 마음가짐이 있어야 합니다.

그리고 정직하십시오. 신뢰를 잃으면 관계 형성에서 어떤 일도 할 수 없습니다. 한 번 거짓말이 돌이킬 수 없는 결과를 가져올 수 있습니다. 제가 사장으로 있으면서 가장 경계하는 부하 직원이 거짓말하는 사람입니다. 거짓말하는 사람은 용기가 없는 사람이면서 비겁한 사람입니다. 동시에 자신의 잘못을 남에게 교묘하게 돌리는 사람이기도 합니다. 게다가 자신이 조금 얻어맞는 것을 피하려고 회사에 피해를 주는 존재가 거짓말하는 사람입니다.

제가 여러 가지 화두를 던지고 있는데, 사실 정리하면 한 가지입니다. 우리가 한심한 사람을 보면 인간이 되라는 말을 합니다. 우리 각자가 '참된 인간'이 되었으면 하는 것이 제 이야기의 핵심입니다. 아무리 실력이 좋아도 인간성이 떨어진다면 조직 문화에 적응할 수 없습니다. 직장이 결국 사람과 사람이 만나서 뭔가 함께하는 집단이라는 것을 잊어서는 안 됩니다. 같은 길을 가는 동료이고 상사인데 함부로 비판하지 말고, 자신이 저 위치에 있으면 얼마나 잘할 수 있을 것이고 저 위치에 갔을 때 이러저러한 어려움이 있을 것 같은데 자신은 어떻게 극복하겠다는 식으

박
근
희

로 생산적으로 사고하는 습관을 길러야 합니다. 감정적인 비판은 어떤 도움도 되지 않고 서로를 해칠 뿐입니다. 그리고 누차 말씀 드리지만 겸손해야 합니다.

이와 관련지어 리더의 자질에 관한 이야기로 확장시켜보 겠습니다. 폴로십Followship을 배우길 바랍니다. 따르는 법을 배우 라는 말씀입니다. 리더가 되려면 먼저 누구를 따르고 보필해본 경험이 필수입니다. 그리고 그 관계가 건강해야 합니다. 가장 성 공적인 조직은 리더와 폴로어가 수직 관계가 아니라 수평적이며 협조적인 관계를 유지합니다. 단순히 리더가 명령하고 아랫사람 을 부리는 역할이라고 생각하면 곤란합니다. 좋은 리더일수록 폴 로어가 부족한 부분을 충실히 도와주면서 자기 일을 제대로 해 내야 합니다. 아울러 함께 가는 길의 방향을 리더가 제시해야 합 니다. 리더가 되려면 지금부터 고민하면서 자신은 어떤 리더가 될 것인지 생각하십시오. 리더가 되었을 때 고민하면 이미 늦습 니다. 《삼국지》를 잘 읽어보면, 승리한 장수들은 어떻게 싸우라고 하는 명령보다 어떻게 준비할지에 대해 많은 고민을 했다고 나옵 니다. 충분히 준비하고 미리 대비하는 자세가 리더가 되기 위한 기본이 된다는 점을 명심합시다.

저는 ROTC를 나와서 군대에서 소대장 생활을 했습니다. 그때 불가능이 없다는 도전 정신, 이른바 리스크 테이킹Risk Taking, 리스크 매니지먼트Risk Management라는 것이 무엇인가에 대해 많이 생각했습니다. 이 시기가 부하와 같이 호흡하는 리더십을 익히는 중요한 시기였습니다. 군대에 대해 부정적인 이야기가 많지만, 지금 이 자리에서 생각하니 그때 소대장 경험이 참 소중한 기억으로 남아 있습니다. 수십 명에 달하는 한 소대를 이끄는 책임자이니까 그 나이에 쉽게 할 수 없었던 경험이었습니다.

그러면 마지막으로 지금 젊은이들이 어떻게 지냈으면 좋겠는지에 대해 인생 선배로서 말씀드립니다. 먼저 잘 놀았으면 좋겠습니다. 놀라는 말이 모든 시간을 다 놀라는 소리가 아니라 놀 땐 재미있게 놀고 공부할 때는 공부를 해야 합니다. 그런데 이도 저도 아닌 친구들이 있습니다. 놀 때는 재미있게 못 놀고 공부할 때는 반은 놀고 반은 공부합니다. 공부는 안 하면서 입으로는 걱정하고 몸은 노는 아이러니한 상황에 처하기도 합니다. 주변에 잘 노는 친구들이 있으면 노는 방법도 배워보십시오. 신나게 놀아야 공부도 더 잘할 수 있습니다.

그러는 와중에 풍부한 인적 네트워크를 구축하십시오. 저희 때는 국내에서만 놀아도 괜찮았지만 지금은 글로벌 친구를 만들어야 합니다. 인터넷이 있고 페이스북이나 트위터가 있으니 조금만 신경 쓰면 충분히 할 수 있는 부분입니다. 많은 사람을 단지 알고만 있으면 곤란합니다. 진정성을 가지고 그 사람과 소통하면서 이 사람이 나에게 어떤 부분을 채워줄 수 있는지 알아야만 필요한 상황에 그 사람을 찾아가 뭔가 해볼 수 있습니다. 서로 잘 모르고 있다가 이런 걸 잘할 것 같았는데, 혹은 나에 대해 이만큼은 생각하고 있는 줄 알았는데 헛다리를 짚었다면 타격이 클 수 있습니다.

또 경쟁 원리에 대해 이해하고 인정하길 바랍니다. 대학에 들어가는 것도 우리나라에서는 매우 치열한 경쟁입니다. 그래도 사회에서 겪는 경쟁은 차원이 다릅니다. 사회에서 겪는 경쟁은 말 그대로 생존이 달린 경쟁입니다. 자신이 살아남지 못하면 가족이 위기에 처합니다. 혼자만의 문제가 아닌 것입니다. 목표를 크게 가지고 그 목표에 도달하고자 떳떳하고 치열하게 경쟁할 생각을 해야 합니다. 사회로 점점 진입할수록 더 많은 책임감과 의

무가 주어집니다. 권리가 커지면 그만한 책임도 생깁니다. 이때 부담을 견디지 못하고 후퇴하면 바로 쓰러지는 것입니다.

지금까지 여러 가지 당부를 드렸습니다. 이런 여러 가지 이야기가 모두 여러분이 머지않아 가까운 훗날에 국내 최고를 넘어서 글로벌 최고의 리더에 도전하는 데에 작은 보탬이 되었으면 합니다. 본인의 브랜드 가치를 최고라고 생각하고 늘 당당하게 젊음의 패기와 열정, 건강을 무기로 인생에 도전하기 바랍니다.

감사합니다. 사랑합니다.

박
근
희

Q. 사장님은 보험을 몇 개나 갖고 계세요?

세어보지 않아서 정확히 모르겠습니다. 15개 정도인 것 같은데, 절대 많은 게 아니라 기본입니다. 15개는 기본으로 들어야 됩니다(웃음). 정말 보험이 이 사회에서 얼마나 중요한지 잘 알아야 합니다. 보험회사 사장이 이런 이야기를 하니까 장사하는 것 같네요. 실제로 보험은 우리 삶에 중요하니까 기회가 되면 잘 공부해보세요.

Q. 후배들을 위해서 추천해주고 싶은 취업 전략 또는 교훈은 무엇인지 궁금합니다.

많이 궁금해하는 부분입니다. 제가 삼성에서 나와서 이런 말씀을 드리기는 민망하지만, 삼성 같은 기업에 들어온다면 정말 좋겠습니다. 삼성은 조직 문화가 잘 갖춰져 있고, 배경에 상관없이 능력이 있으면 누구나 성공할 수 있는 기업입니다. 기업이 어떤 문화를 가지고 있는지 잘 살펴보는 것도 전략입니다.

흔히 연봉 위주로 직장을 따지는데, 가장 중요한 기준은 아니라고 생각합니다. 꼭 대기업만 고집할 필요도 없다고 생각합니다. 요즘 취업난이 정말 심각한데, 물론 각자 나름의 사정이 있고 꿈이 있겠지만 본인의 능력에 맞는 직장을 찾으려는 노력도 기울이면 좋겠습니다. 중소기업도 잘 찾아보면 상당히 경쟁력이 있고 사원을 대우해주는 곳이 많습니다.

너무 까다롭게 생각하지 말고 일단 어디든 입사를 하면 그 후에 또 기회가 생기는 것입니다. 입사를 하고 기회를 엿보는 것과 취업하지 못한 상태에서 길을 찾아보려는 것은 상당한 차이가 있다고 봅니다.

Q. 슬럼프가 있으셨다면 어떻게 극복하셨나요? 그리고 예비 대학생들에게 혹시 개인적으로 하고 싶은 말씀이 있으신가요?

직장 생활을 하면서 슬럼프가 없진 않았습니다. 다만 목표가 있다 보니 견딜 수 있었고 끝내 극복할 수 있었습니다. 삼성에 입사했으면 당연히 삼성 CEO를 목표로 해야 한다고 생각했기 때문에, 그 과정에서 겪는 자잘한 어려움이 크게 느껴지지 않았습니다. 나는 큰일을 할 사람인데 이 정도로 무너질 수 없다는 생각을 했습니다. 그래서 목표를 크게 잡고 큰 그림을 그리면 슬럼프도 이겨낼 수 있다는 말씀을 드립니다.

　예비 대학생 중에는 대학 인지도 때문에 고민하는 분들이 있을 것 같습니다. 공부를 다시 할까, 좀 다녀보다 다른 데로 옮길까 등등 여러 가지 생각이 들 텐데 대학 이름이 중요하지는 않습니다. 대학에 가서 열심히 공부하면 좋은 기업에 입사해서 CEO까지 도전할 수 있습니다. 자신의 현재 능력 이상의 것을 바라지 말고, 현재가 그러하다면 들어가 노력해서 올라가면 됩니다.

Q. 팝송을 자주 들으시는지요? 외국에 많이 나갔다 오셨는지요? 또 영어는 잘하시는지요?

　못합니다. 왜 제가 영어는 필수라고 했느냐면, 제가 잘해서 그런 것이 아니라 제가 못했기 때문에 후배들은 잘하라는 뜻이었습니다. 제가 외국어를 참 못합니다. 중국 사업을 오랫동안 준비했다고 말씀드렸는데, 사실 말을 배울 기회까지는 없었습니다. 현지에 아는 곳에서 말을 배운다는 게 한계도 있었습니다. 그러다가 50대가 되어 해외에 나갔는데, 그때 가서 중국어를 배워보려니 도저히 되지가 않았습니다.

　현지 사장이라고 있는 사람이 6년 동안 중국어를 못했으니 난처한 일이 많았습니다. 중국에 임직원이 10만 명 정도가 있습니다.

사장이니까 생산 현장에 나가 격려할 일이 있지만, 통역을 통해서 격
려를 하니까 주위에서 보기에는 참 우습기도 했을 것입니다. 말은 통
역을 통해서 하고 눈빛만 주고받았죠.

오승환

소속 삼성 라이온즈 구원투수
학력 단국대학교 학사
경력 2005 시즌 신인왕, 2006~2008/2011 시즌 구원왕,
2008 베이징올림픽 금메달 획득

아시아 세이브 신기록, 신인왕과 구원왕, 우승, 올림픽 금메달리스트…… 오승환은 수많은 수식어가 아깝지 않은 대한민국 최고의 구원투수이다. 하지만 그의 인생을 들여다보면 부상과 좌절 속에서 끊임없이 스스로를 일으켜 세우며 야구를 지속해왔음을 알 수 있다. 쓰러질 때마다 오뚝이처럼 일어나 이전보다 더 높은 곳으로 자신을 끌어올리며 프로 무대에 이름 석 자를 뚜렷이 새겨 넣었다. '돌부처'라는 별명처럼 마운드 위에서는 '포커페이스'이지만, 실제로는 친근하고 마음 따뜻한 동네 형, 옆집 오빠 같은 부드러움이 그가 가진 또 다른 매력이다. 공을 던지는 일이 무엇보다 행복하다는 국가 대표 구원투수 오승환이 좌절을 딛고 일어서는 긍정의 힘을 전하고자 청춘 앞에 섰다.

2002 월드컵도
몰랐던 남자

◨

그동안 인터뷰를 해도, 해외 진출은 언제 할 것이냐, 상대하기 까다로운 타자는 누구냐, 이런 질문만 주로 받다가 이렇게 인생이나 청춘에 관한 이야기를 하려니까 조금 쑥스럽습니다. 저는 1982년생으로, 대학교 학번은 01학번입니다. 삶에 대해 이런저런 이야기를 하기에는 아직 어린 나이가 아닌가 싶기도 합니다. 하지만 사람들이 이런 이야기를 하기도 합니다. 야구를 들여다보면 그 안에 인생이 있다고요.

지금까지 항상 야구만 생각하고 야구 안에서 살았기 때문에, 야구 안에 인생이 있다면 인생에 대해 느낀 바를 전달해도 되지 않나 하는 생각을 했습니다. 그래서 제가 지금까지 살아온 나날을 돌아보면서 느꼈던 감정이나 얻었던 교훈을 말씀드리면 여러분께도 작은 도움이 될 수 있을 거라는 자신감을 가져 봅니다.

꼭 야구가 아니라도 프로스포츠 선수라고 하면 여러분은 어떤 이미지를 떠올릴지 모르겠습니다. 또래에 비해 엄청난 연봉에 화려한 스포트라이트를 받으면서 좋은 차를 몰고 다니니 선망의 대상으로 바라보는 분도 있을 것입니다. 분명히 좋은 대우를 받고 분에 넘칠 만큼 많은 사랑을 받는 것도 사실입니다. 그런데 그런 주목받는 선수가 되기까지는 상상 이상으로 힘든 과정이 필요하다는 점도 함께 봐주셨으면 합니다.

동시에 운동선수 중에는 그렇게 프로 무대에서 빛나는 선수만 있는 것이 아니라 많이 노력하고 인내했는데도 프로 무대에 서지 못하는 선수도 있다는 점도 알아주셨으면 합니다. 오승환이라는 선수가 세이브를 올리고 팀이 우승을 하면서 칭찬도 받으니 처음부터 뭔가 압도적인 능력을 가지고 있어서 지금의 위치에 서 있을 거라고 짐작할지도 모르겠습니다. 하지만 실상은 전혀 그렇지 않습니다. 그런 선수도 있겠지만, 저는 처음 프로 무대에 들어오는 것부터 쉽지 않았습니다.

보통 청년들은 취업을 할 때 여러 가지 기회가 있습니다. 어느 회사에 떨어져도 다른 회사에 지원할 수도 있고, 아예 창업을 할 수도 있고, 시험을 볼 수도 있고, 공부를 계속할 수도 있습니다. 그러나 운동선수들은 그런 기회가 굉장히 제한적입니다. 드래프트라고 해서 매년 각 팀에서 신인 선수를 뽑는데, 그때 뽑히지 못하면 프로 선수가 될 수 없습니다. 지금은 팀이 하나 늘긴 했지만, 제가 입단할 때만 해도 우리나라에 프로야구팀이 8개밖에 없었습니다. 우리나라에는 고등학교 야구부가 60개쯤 있고 야구 선수가 1400명쯤 된다고 합니다. 그리고 대학생 야구 선수는 200명이 넘습니다. 이 선수들이 다 드래프트에 참가하는 것은 아니지만, 매년 프로팀에서 뽑는 선수가 한 팀에 많아야 10명 정도입니다. 8개 팀이니까 정말 많이 뽑으면 80명을 뽑는 셈입니다. 또 운동선수는 나이가 한 살이라도 더 먹으면 불리한 것이 많습니다. 드래프트에 계속 지원할 수 있는 것도 아니고, 대학 졸업할 때까지 드래프트에 뽑히지 못하면 사실상 프로 선수가 될 수 없습니다.

그러니까 정말 낮은 확률로 선택된 사람만이 프로 선수가 될 수 있고, 프로가 되고 나서도 팀에서 쫓겨나지 않고 계속 경기에 나갈 수 있는 선수는 그중에서도 소수입니다. 그러니 그 경쟁이나 압박이 상상을 초월할 만큼 치열합니다. 그 경쟁에서 탈락해 프로 선수가 되지 못하거나 프로 선수가 되더라도 중간에 팀에서 나오게 되면 막막합니다. 우리나라에서는 빠르면 초등학교 때, 아무리 늦어도 중학교 때부터 운동만 한 친구들이 대부분입니다. 대학교 때까지 운동을 했으면 거의 10년을 다른 것은 전혀 안 하고 운동만 한 것입니다. 학창 시절 같은 반에 운동부 학생이 있었던 분은 알 것입니다. 그 친구들이 공부를 하던가요? 가끔 교실에 들어와도 맨 뒤에 앉아서 잠만 자고 가고 그랬을 것입니다. 저도 그랬으니까요. 그런 사람이 더 이상 운동을 할 수 없다고 하면 뭘 하겠습니까. 그보다 큰 절망이 없습니다.

한마디로 드래프트에 뽑히느냐 뽑히지 못하느냐가 야구 선수에겐 일생일대의 중요한 일입니다. 따라서 지명받지 못했을 때의 좌절감이란 이루 말할 수가 없습니다. 가장 좋은 것은 고등학교 때 운동을 잘해서 고등학교를 졸업하자마자 프로에 지명되는 것입니다. 빨리 프로가 되는 것이 아무래도 좋기 때문입니다. 하지만 저는 고등학교를 졸업했을 때 뽑아주는 팀이 없어서 대학에 가서 다시 기회를 기다려야 했습니다. 대학에 가서 잘하면 2학년쯤에 다시 드래프트에 도전해서 프로가 되는 경우가 있습니다. 그래서 대학교 1~2학년 때가 정말 중요한데, 저는 불행하게도 대학교 1학년 때 부상을 당했습니다. 수술을 받아야 했는데, 어디 살짝 찢어진 것을 꿰매는 정도가 아니라 팔꿈치의 인대를 아예 바꿔야 하는 큰 수술이었습니다. 투수에게는 치명적인 부상이었습니다. 그런 큰 수술을 받는다는 것 자체도 무서웠고, 수술을 받아서 야구를 더 잘할 수도 있지만 최악의 경우 아예 못할 수도 있다는 이야기를 들으면서 나쁜 생각도 많이 했습니다.

그 수술을 받으면 거의 1년 동안은 공을 던질 수가 없습니다. 그래서 운동하러 나가도 팔을 쓰는 운동은 제대로 하지 못합니다. 그렇다 보니 나중에 회복을 해도 프로에 갈 실력을 가질 수 있을까 하는 의문도 생겼습니다. 그때 처음으로 야구를 포기할까 하는 고민을 했습니다. 특히 힘든 것 중 하나가 다른 선수들과 자신을 비교하면서 그들에 비해 실력이 떨어지고 있다는 느낌을 받는 것이었습니다. 지금 생각해보면 저 자신을 힘들게 만든 불필요한 생각이었습니다. 결과적으로 보면, 그때 저보다 실력도 좋고 저처럼 부상을 당하거나 특별한 일이 있는 것도 아니

돌이켜보면 자만에 빠졌던 그 순간에
저는 스스로 '나는 자만하면 안 돼'라고
매번 다짐을 하고 있었습니다.

자만하면 안 된다고 생각하면서
실제로는 자만했던 것입니다.

었는데 프로가 되지 못한 친구도 있습니다. 저는 그때 못한 것을 만회해야 한다는 마음으로, 팔이 회복된 후에는 그 조급함 때문에 몇 배로 열심히 연습하면서 부상으로 잃은 것보다 더 많은 것을 얻었습니다.

누구나 옆 사람과 자기를 견주면서 저 사람은 이만큼 앞서 나가는데 나는 이것밖에 못해서 어떡하지 하고 걱정할 때가 있기 마련입니다. 다른 사람과 비교한다고 해서 내 현실이 바뀌는 것도 아니고, 지금 나보다 잘하는 저 사람이 꼭 나중에 좋은 결과를 만든다는 법도 없습니다. 어떻게든 열심히 해서 목표에 도달한다는 마음으로 스스로 계속 노력하면 됩니다. 자신과의 싸움에서 이기는 것이 가장 우선이 되어야 하고 무엇보다 중요합니다.

저도 저를 이기려는 마음을 가지고 대학 내내 정말 열심히 운동만 했습니다. 요즘은 운동선수가 아닌 분들도 취업 준비 때문에 1학년 때부터 정신없다는 이야기를 들었습니다. 그래도 어느 정도 대학 생활을 즐기면서 술도 마시고 친구도 만날 것입니다. 하지만 저는 그런 경험조차 없습니다. 대학교 때 학교에서 생활했는데, 아침 9시에 학교에서 나와서 지하철을 타고 한남동에서 잠실까지 가서 재활 운동을 하고 밤 9시에 다시 한남동 숙소로 돌아오는 일과의 반복이었습니다. 숙소에 오면 선배들의 빨래며 청소까지 할 일이 기다리고 있었습니다. 저학년이다 보니 그런 일들도 다 해야 했습니다. 이것저것 하다 보면 새벽 1시쯤 됩니다. 그대로 곯아떨어졌다가 다시 아침에 일어나서 밥 먹고 지하철 타고 재활 가고……. 그런 생활을 2년 정도 했습니다.

그러다 보니 제가 대학교 2학년 때인 2002년, 그날도 지하철을 타고 숙소로 들어가는데 주위에서 시끄러운 소리가 들리더군요. 그래서 무슨 사고가 났나 싶었는데 숙소에 들어가서 보니 사람들이 축구를 보고 있었습니다. 우리나라에서 월드컵을 하고 있다는 것을 그 순간 처음 알았습니다. 당시 젊은 사람 중에 대한민국에서 월드컵을 하는 것을 몰랐던 분이 몇 분이나 될지 모르겠습니다. 운동하고 숙소에 들어가서 자고 일어나서 운동하고 하는 생활을 반복하다 보니 주변의 일은 전혀 몰랐던 것입니다.

그런데 이런 생활은 좀 극단적이기도 하고, 이 정도로 너무 한 방향만 바라보는 것은 사실 누구에게도 별로 추천하고 싶지 않습니다. 오히려 주위를 좀 돌아볼 여유가 있을 때 자기가 하

오
승
환

는 일도 더 잘할 수 있다는 것이 요즘 제 생각입니다. 하지만 그 때는, 말씀드렸다시피 워낙 절박한 상황이었습니다. 4학년 때까지 지명을 받지 못하면 운동을 할 수 없는 데다 부상당한 전력까지 있어서 남들보다 몇 배로 할 수밖에 없었습니다.

지금 있는 자리에 머물기 위해서는
가능한 한 빨리 달려야 한다

그런 과정을 거쳐 마침내 대학교 4학년 여름에 프로팀에 지명을 받아서 프로 선수가 될 수 있었습니다. 2005년에는 신인왕도 수상했고, 2006년까지 2년 연속 우승도 일구어냈습니다. 야구 선수로서 전성기를 달린다는 평가도 받았습니다. 모든 것이 잘 풀리는 것만 같았습니다. 고대하던 프로 선수가 된 것을 넘어 수많은 선수 중에서 잘하는 편이라는 칭찬을 받고 프로 선수가 가장 원하는 우승까지 하게 되니 이보다 좋을 수는 없었습니다.

그런데 가장 잘 달릴 때를 거꾸로 이야기하면, 조금 있으면 속력이 떨어진다는 것입니다. 그러나 정상에 있으면 그 생각을 하지 못합니다. 주위에서는 잘한다는 이야기만 하고, 스스로도 그냥 하는 대로 적당히 해도 지금의 상황이 그대로 유지될 것 같은 착각을 하게 됩니다. 자만에 빠졌던 것입니다. 좀 우스운 것이, 돌이켜보면 자만에 빠졌던 그 순간에 저는 스스로 '나는 자만하면 안 돼'라고 매번 다짐을 하고 있었습니다. 자만하면 안 된다고 생각하면서 실제로는 자만했던 것입니다. 그 상황이 이해가 되시나요?

우리는 스스로와 타협한다고 합니다. 사실 제가 잘 못했던 시기에도 훈련을 하지 않은 것도 아니고 술과 담배로 몸을 망가뜨린 것도 아니었습니다. 그러니까 자만하지 않아야 한다고 하면서도 특별히 문제가 있다는 생각을 하지 않은 것입니다. 책상에 앉아 무조건 오래 있는다고 공부를 잘하는 것은 아닙니다. 훈련도 마찬가지입니다. 어떻게 하면 나를 발전시키고 효율적으로 시간을 쓸 수 있을지 고민해서 뭔가 해야 얻어가는 게 생길 것입니다. 물론 어떻게 보면 귀찮고 에너지가 많이 드는 일입니다. 게다가 이제까지 어느 정도 잘해왔는데 조금 더 나아지려고 굳이 그것을 시도한다는 것도 쉬운 일이 아닙니다. 저 역시 이제까지 잘해왔는데 괜찮겠지 하는 마음으로 훈련을 했고, 결국 문제가 생기기 시작했습니다.

과거와 똑같이 훈련을 했는데 그래도 실력이 유지되는 게 아니냐고 할 수도 있습니다. 그런데 프로의 세계는 그렇지 않습니다. 모든 것이 굉장히 빨리 변하고, 약점은 무서울 정도로 빠르게 파악되고, 조금이라도 빈틈이 보이면 모든 장점이 소용없을 정도로 공격당하게 되어 있습니다. 어려서 읽은 책 중에 《거울 나라의 앨리스》라는 동화에 나온 한 부분은 지금도 기억이 납니다. 여왕이 앨리스한테 하는 말 중에 "지금 있는 자리에 머물기 위해서는 가능한 한 빨리 달려야 한다"라는 말이 있습니다. 무슨 말인지 짐작하겠어요? 우리가 어떤 위치에 있는 사람을 볼 때 매일 비슷비슷해 보이니까 저 사람은 큰 노력 없이 원래 하는 대로 하고 있나 보다고 짐작합니다. 그런데 알고 보면 그 사람은 그 위치를 유지하기 위해 정말 전력을 다해 달리고 있는 것일 수도 있습니다. 왜냐하면 자기를 둘러싼 주변 환경이 정신없이 변하기 때문입니다. 전국의 고수들이 모여서 매일 실력을 겨루는 프로의 세계라면 그 말이 정말 맞는다고 생각합니다.

그런데 이런 사실을 진심으로 깨달았을 때는 이미 늦었습니다. 이전보다 좋은 성적을 내지 못하는 경우가 생기기 시작했고, 2009년에는 어깨 근육이 찢어지는 큰 부상도 당했습니다.

그 과정에서 제가 잘하지 못해서 홈런을 맞은 것에 화가 나서 글러브를 집어 던진 부끄러운 일도 있었고, 한국 시리즈 같은 중요한 경기에서 치명적인 실점을 하기도 했습니다. 주위 분들은 이렇게 좋게 말씀해주시기도 합니다. 오승환이 저렇게 된 것은 요 몇 년 동안 공을 많이 던지고 국제 대회까지 나가서 공을 던지다 보니까 피로가 누적되어 그런 것이라고요. 제가 2008년에는 베이징올림픽에 나가서 메달을 땄고, 2009년에도 WBC라는 국가 대항전에 대표로 나가서 공을 던졌거든요. 그런 것이 전혀 연관이 없진 않겠지만, 스스로의 정신 자세에 가장 큰 문제가 있었다고 생각합니다. 왜 그러냐면 정신 무장을 다시 하고 열심히 훈련한 2010년 이후에 공이 다시 좋아졌고, 2011년에는 기대한 것 이상의 좋은 성적을 낼 수 있었기 때문입니다.

2010년에 팔꿈치 쪽에 또 수술을 받았는데, 몸이 망가지고 야구도 잘되지 않는 상황이 무척 힘들었습니다. 그때 마음을 잡을 수 있었던 것이 이런 생각 덕분이었습니다. 프로에 들어오고 나서 마음먹은 욕심 중에 하나가 화려한 기록으로 한 시즌을 보내기보다는 화려하지 않더라도 꾸준히 좋은 결과를 내면서 사람들의 머릿속에 한 시대에 걸쳐 잘했던 선수로 남고 싶다는 것이었습니다. 야구 선수라면 누구나 이런 생각을 하지 않을까 싶습니다.

왜냐하면 야구로 수십 년 선수 생활을 할 수 있는 것도 아니고 아무리 길어봐야 20년 정도를 할 수 있는 운동인데, 인생 전체로 보면 그렇게 긴 시간은 아닙니다. 그 짧은 시간 속에서 또 짧은 순간만 기억된다는 것은 너무 억울한 일입니다. 실제로 훨씬 더 긴 세월 동안 야구에 전력을 쏟았는데 말이죠. 운동선수에게는 팬들이 기록을 기억해주고 그들에게 인정받을 수 있다는 것이 일종의 로망입니다. 저는 그런 이유로 전성기라는 말을 좋아하지 않습니다. 아까 말씀드린 대로 지금이 최고라는 말은 거꾸로 말하면 이 순간이 최고이고 다음은 좋지 않다는 뜻입니다. 그래서 재활 운동을 하며 이렇게 마음먹었습니다. '만약 오승환이라는 야구 선수가 2011년에도 좋지 않은 모습을 보여준다면 결국 잠시 잘했던 선수로 기억에 남겠구나. 그러면 안 되겠다'라고요. 그 후로 대학 때보다 더 열심히 훈련을 했고, 2011년에 다시 팀도 우승하고 저 개인도 좋은 성적을 얻는 시즌으로 마무리할 수 있었습니다.

오
승
환

무엇을
마무리한다는 것의 의미

◻

저는 마무리 투수입니다. 야구에 대해 잠시 설명하자면, 말 그대로 맨 마지막에 나와 경기를 마무리하는 투수를 마무리 투수 혹은 구원투수라고 부릅니다. 고등학교 때는 투수도 하고 타자도 하다가 본격적으로 투수만 한 것은 대학교 때부터였고, 주로 마무리 투수라는 역할을 맡아왔습니다. 저는 선발투수를 해본 적이 없습니다. 그러다 보니 저를 '끝판대장'이라고 불러주는 분도 있습니다.

　누구나 자기 일이 가장 힘들다고 하지만, 마무리 투수라는 역할도 사실 쉽지가 않습니다. 며칠에 한 번씩 나오는 선발투수나 정해진 타순에 따라 나오는 타자와 다르게 상황에 따라서 나올 수도 있고 안 나올 수도 있는 것이 마무리 투수입니다. 가끔 친구들이 이런 이야기를 합니다. "넌 야구장 가서 공 서너 개만 던지고 억대 연봉을 받는다"라고요. 그런데 그 서너 개를 던지기 위해 아침에 눈을 뜨면 야구장에서 훈련하고 경기 들어갈 때까지 긴장의 끈을 늦출 수가 없습니다. 경기 시작하면 항상 몸을 풀 준비를 해야 합니다. 어떻게 보면 늘 긴장하고 있어야 하고 매 경기 몸을 준비하고 있어야 하는 처지입니다. 게다가 책임감도 굉장히 막중합니다. 축구로 치면 골키퍼 같다고나 할까요. 많이 나오지는 않는데 자칫 실수를 하면 아예 팀이 경기를 져버려서 돌이킬 수 없게 됩니다. 마무리 투수가 잘못 던져서 팀이 승리할 기회를 잃어버리는 것을 블론세이브라고 하는데, 블론세이브를 한 날은 너무 미안해서 팀원들 얼굴도 보기 힘듭니다. 밤에 잠이 안 올 정도입니다.

하지만 이제는 마무리 투수라는 역할을 즐길 수 있게 된 것 같습니다. 보통 많은 선수가 선발투수를 하고 싶어 하는데, 저는 마무리 투수라는 제 역할이 정말 좋습니다. 사실 마무리 투수는 야구에서 가장 주목받는 역할이라고 보기는 어렵습니다. 선발투수나 그 팀의 4번 타자 정도는 되어야 팀의 중심이라는 소리를 들을 수 있습니다. 하지만 조연이라도 잘할 수 있고 즐길 수

어떤 일을 할 때 자신의 비중이나
위치에 대해 너무 심각하게
생각하지 않았으면 합니다.

자신이 항상 중심이 되고
남보다 높은 위치에 올라가는 것
자체가 목표라고 보기는
어려울 것 같습니다.

있는 일을 하는 것이 좋다고 생각합니다. 저는 공을 조금만 던져도 금방 몸이 풀리는 스타일인데, 거꾸로 보면 남보다 빨리 지칠 수도 있습니다. 그런 점에서 잠깐 공을 던지는 역할이 오래 던지는 것보다 저한테 맞기도 합니다. 성격적으로도 그렇습니다. 저는 매일 공을 던지고 싶습니다. 마무리 투수는 운이 좋으면 매일 공을 던질 수 있습니다. 제 장점과 맞으면서 좋아하는 역할을 하고 있는 것이니까 어떻게 보면 마무리 투수를 하는 게 저한테 큰 행운입니다.

어떤 일을 할 때 자신의 비중이나 위치에 대해 너무 심각하게 생각하지 않았으면 합니다. 자신이 항상 중심이 되고 남보다 높은 위치에 올라가는 것 자체가 목표라고 보기는 어려울 것 같습니다. 그건 그냥 욕심에 가깝지 않을까요? 그리고 그런 것을 스스로에게 강요하면서 늘 남과 자신을 비교하는 것도 무척 힘든 일입니다. 무엇이 자신한테 잘 맞고 어떤 일을 잘할 수 있는지를 판단해서 즐겁게 할 수 있는 일을 하는 것이 최선입니다. 이런 말은 조금 쑥스럽지만, 자신의 역할에 최선을 다하다 보면 2011년의 저처럼 선발투수가 아닌데도 주목을 받고 여러 사람의 인정을 받을 수도 있는 거고요. 저로 말미암아 마무리 투수라는 역할이 새롭게 조명받고 가치를 더 인정받는 일도 생겼습니다. 그리고 따져보면 인생도 시작하는 것만큼 마무리하는 것이 중요하잖아요? 회사도 들어갈 때만큼 나올 때가 중요하고, 연애도 시작만큼 끝이 중요합니다. 모든 일에는 그만한 가치가 있고 중요성이 있으니까 자신의 일이 어떻게 평가받는가에 대한 고민은 중요하지 않다고 생각합니다.

나만의 직구를
세상에 던져라

제가 무슨 천재형 선수라서 큰 어려움 없이 고등학교를 졸업하자마자 첫 번째 지명 선수로 뽑혀 매년 별다른 부상이나 부진도 없이 엄청난 성적을 거두어왔다면, 아마 이렇게 이런저런 말씀을 드릴 일도 없었을 것입니다. 그게 아니라 남들은 아직 미래를 준비하고 많은 가능성을 담고 살아가는 어린 시기에 인생이 흔들리는 좌절도 겪어봤고, 높은 곳까지 올라갔다가 추락도 겪어봤고, 또다시 올라가고 하는 과정에서 인생에 대해 조언할 수 있는 말도 생겨난 게 아닐까 싶습니다.

결국 제가 좋은 선수로 인정받으면서 내년을 기대할 수 있는 사람이 될 수 있었던 것은 태도 덕분이라고 생각합니다. 어떤 일에 뛰어들 때 어떤 태도를 가지고 있느냐가 성패를 좌우한다는

오
승
환

것을 보고 들었고, 실제로 느껴왔습니다. 감독님, 코치님도 자주 하시는 말씀인데 태도가 기본이 되어야 합니다. 선수를 뽑을 때 아무리 좋은 실력을 가지고 있더라도 그 실력을 갈고닦지 않으면 금방 파악되고 쉽게 따라잡혀 버립니다. 자기 스스로 절제하면서 목표를 향해 꾸준히 나아가려고 노력하는 마음가짐이 가장 중요합니다.

그리고 어떻게 보면 좀 신기한 부분이 있습니다. 우리가 몸과 마음은 함께 간다는 표현을 하잖아요. 운동을 하면 정말 그렇다는 것을 자주 느낍니다. 제가 큰 수술을 두 차례 받았다고 말씀드렸는데, 운동선수가 부상에 대해 걱정하기 시작하면 끝이 없습니다. 공을 던지다가 아프면 어떡하나 하는 생각을 하면 정말로 부상이 오는 경우가 많습니다. 다치지 않으려고 자신 있게 팔을 쭉쭉 뻗지 못하고 움츠러들다가 그게 오히려 부상으로 연결되는 식입니다. 저는 수술을 받고 나서 이제는 아프지 않을 거라는 자신감을 가지고 던지고 있고, 그런 확신이 들 수 있게끔 몸을 관리합니다. 그러면 정말 아프지 않습니다. 마음이 가진 힘이란 게 그런 것 같습니다.

'긍정의 힘'이라는 말이 있습니다. 후배들과 이야기를 하다 보니 연예인 중에도 그런 분이 계셔서 인기가 많다고 하던데, 저는 겉으로 보이는 이미지보다 대책 없을 정도로 긍정적인 편입니다. 앞서 말씀드렸던 몇 번의 고비에서야 좋지 않은 생각도 많이 했지만, 재활을 하면서도 이렇게 하니까 안 될 이유가 없다는 생각을 했고, 몸이 좀 힘들어도 공을 던질 기회가 생기면 공을 던질 수 있으니까 좋다는 생각을 합니다. 예전에 제 모자에 쓰기도 했고 나중에 제가 죽으면 묘비에 쓰고 싶은 말이기도 한데, "나는 행복하다"라는 말을 마음속에 담고 살아갑니다. 긍정의 힘이 마음에 힘든 일이 있을 때 이겨내고 야구를 잘할 수 있게 해준 힘이라는 생각도 합니다.

운동선수에 대해 평소 어떻게 생각하시나요? 물론 운동선수 중에는 이런 사람도 있고 저런 사람도 있고 다양하지만, 대체로 운동만 하면서 자랐고 사생활이 별로 없는 단체 생활을 해왔기 때문에 자기표현에 서툴고 운동 아닌 다른 분야는 상식적인 것도 잘 모르는 친구가 적지 않습니다. 우리나라에서 월드컵을 하는 것도 몰랐던 저처럼 말입니다. 그런데 이 친구들이 반대로 보면 어느 한 분야는 프로라고 불릴 만큼 열과 성을 다해 노력해 왔기 때문에, 인생을 살면서 어떤 부분에 진지해야 하고 성공하려면 어떤 태도를 취해야 하는지도 잘 알고 있습니다. 프로 선수 생활을 하다가 다른 분야로 뛰어들어 성공하는 분이 많은 것도 그런 이유 때문이라고 생각합니다.

물론 정말 냉정하게 말씀드리면, 프로의 세계는 어느 정도는 선택받은 사람들이 들어올 수 있는 곳이기도 합니다. 저 역시 부모님이 좋은 몸을 물려주시지 않았다면 프로 선수가 될 수 없었을지도 모릅니다. 몇 배로 노력을 해도 신체적 한계로 인해 프로가 되지 못한 친구들도 본 적이 있습니다. 제가 너무 낙관적으로 생각하는 것일 수도 있지만, 그래도 이런 운동 종목이 아닌 다른 많은 분야에서는 순수한 노력과 좋은 자세만으로도 성공할 가능성이 충분히 있다고 생각합니다.

그리고 다른 상황에 자신을 자꾸 맞추려고 하는 것도 좋지 않습니다. 제가 던지는 공 가운데 가장 좋은 공이 직구라고 주변에서 말씀해주십니다. 어려서부터 제 장점은 좋은 직구를 가지고 있다는 것이었습니다. 좋은 투수가 되려면 사실 변화구도 잘 던져야 합니다. 물론 저도 변화구를 던지려는 시도를 해봤지만 생각처럼 잘되지는 않았습니다. 그래서 잘 안 되는 것에 매달리기보다는 제 장점을 극대화하기로 마음먹고 직구를 계속 가다듬고 발전시켜서 좋은 성적을 거둘 수 있었습니다. 변화구를 아예 던지지 않는 것은 아니지만, 다른 무엇보다 저의 주 무기는 직구라고 할 수 있습니다. 누구나 자신만의 직구를 가지고 있다고 생각합니다. 직구만 믿고 던지다가 홈런을 맞을 수도 있습니다. 하지만 그렇다고 직구를 포기해서는 안 된다고 봅니다. 포기하기보다는 누구보다 훌륭한 직구로 만든다는 생각으로 연습하면 분명히 목표에 도달할 수 있을 것입니다.

오
승
환

Q. 표정이나 감정 같은 것이 경기 중에 거의 없으신데 언론에 그런 이야기가 나오고 나서 더 신경 써서 포커페이스를 하시는 건가요?

그런 질문을 참 많이 받는데, 그런 별명이 붙어서 일부러 표정 관리를 하는 건 절대 아닙니다. 철가면이라는 이미지가 너무 박힌 것 같은데, 사실 평상시에는 잘 웃고 친구들이랑 이야기도 많이 합니다. 그라운드에서도 훈련 때는 얼마나 많이 웃는데요. 다른 팀 선수들이 경기 때 말고 훈련할 때 절 봐야 하는데, 항상 마무리 나설 때만 보니까 그런 이미지를 가지고 있는 것 같습니다. 저 재미있는 사람입니다.

경기할 때는 표정 관리를 할 여유도 없고, 반대로 제가 삼진을 잡고 좋아하는 모습을 보여주는 것은 상대 팀 선수에 대한 예의가 아니라고 봅니다. 물론 제스처를 해주는 선수를 좋아하는 팬들도 있습니다. 그런데 저는 예의가 먼저라고 생각합니다. 실력으로 맞붙어서 어떤 결과가 나왔다면 그것 자체로 끝내는 게 가장 좋다고 봅니다.

Q. 어떤 후배가 가능성이 있어 보이세요?

많습니다. 저희 팀에도 많죠. 저희 삼성이 불펜 투수들이 정말 좋습니다. 정현욱 선수나 안지만 선수, 권오준 선수만 봐도 그렇습니다. 이 선수들은 다른 팀에 가서도 마무리 투수를 할 수 있는 선수들입니다. 그래서 저 역시 제가 좋지 않은 모습을 보이면 마무리 자리를 뺏기겠구나 하는 생각을 항상 가지고 있고 자극을 받습니다. 괜한 이야기가 아니라 충분한 실력을 가지고 있는 선수가 바로 옆에 많습니다.

윤종용

소속 한국전자정보통신산업진흥회 회장, 국가지식재산위원회 위원장,
국제전기전자기술자협회(IEEE) 명예 회원
학력 서울대학교 전자공학과, 매사추세츠 공과대학 대학원
수상 2007년 제44회 무역의 날 수출탑
경력 삼성전자 대표이사 부회장, 삼성전자 상임고문, 고려대학교 경영대학 경영학과 교수,
제1대 국가지식재산위원회 위원장

지금의 삼성전자를 있게 한 주역이다. 삼성전자 창립 멤버로, 전자 산업에 일생
을 바쳐왔다. 그 결과 현재 글로벌 삼성의 기반을 닦고 2000년대 세계 최고의
전자 기업을 만든다는 전략을 주도하여, 소니를 비롯한 세계적인 전자업체들을
제치고 세계 1위의 목표를 달성했다. 2010년 《하버드 비즈니스 리뷰》로부터 '세
계에서 가장 경영 성과가 좋은 최고경영자'에 스티브 잡스에 이어 2위에 오르는
기염을 토하기도 했다. 그의 이름은 샐러리맨들에게는 신화처럼 받아들여진다.
그가 말하는 '초일류로 가는 생각'을 통해 기업은 물론 국가, 개인이 영속적인 초
일류가 되기 위해 필요한 것은 무엇인지 알아보자.

스펙은
기계에나 있는 것이다

□

우리 주변에서, 또는 역사적 인물 중에서 성공한, 훌륭한 사람들을 한번 떠올려 보기 바랍니다. 물론 인생을 살아가는 데에 옆에서 멘토링을 해주는 사람이 있으면 좋을 것입니다. 그러나 누가 자기 인생을 설계해주고 인생을 살아갈 길을 가르쳐줄 수는 없습니다. 그리고 아무리 좋은 멘토링으로 여러 사람을 지도하더라도 대부분이 큰 영향을 받지 못합니다.

그중에 훌륭한 사람이 나올 수도 있지만, 대부분은 멘토링을 받는 순간에만 그치고 맙니다. 멘토가 인생을 대신해서 살아줄 수 없기 때문입니다. 그래서 여러분이 살아갈 미래를 스스로 고민하고 찾아 헤매면서 만들어가야 하지 않느냐 하는 생각이 듭니다.

세계 IT 업계에 4대 재벌이 있습니다. 마이크로소프트의 빌 게이츠Bill Gates, 오라클의 창립자인 래리 앨리슨Larry Ellison, 델 컴퓨터를 창설한 마이클 델Michael Dell이 여기에 듭니다. 이들이 5~6년 전까지는 세계 IT 업계의 3대 창설자였습니다. 스티브 잡스를 포함하면 넷이 됩니다. 이 네 사람의 공통된 점은 전부 대학교를 중퇴했다는 것입니다. 1학년 내지 2학년에 중퇴를 했고, 물론 부모에게 도움도 받았겠지만 그때부터 험한 길을 스스로 개척해서 그냥 부자가 아니라 세계가 알아주는 재벌, 세계가 사랑하고 존경하는 그런 사람들이 되었습니다.

그 밖에 역사적 인물 중에서도 정규교육을 제대로 받지 못하고 겨우 초등학교 내지 중학교를 나와서 우리가 상상하지 못할 정도로 위대한 인물이 된 경우도 많습니다. 그런 사람들은 멀리 역사 속으로 들어가지 않더라도 찾을 수 있습니다. 위대한 에디슨, 초등학교만 다녔죠. 동력 비행기를 만들어서 오늘날 우리가 상상조차 하기 힘든 우주 항공 기술을 발달하게 한 기초를 닦은 라이트Wright 형제도 중학교 정도밖에 공부하지 못한 사람들입니다.

윤
종
용

이들을 통해서 알 수 있듯이, 학력이나 요즘 말하는 스펙은 성공의 중요한 기준이 되지 않습니다. 기계나 물건에 스펙이 있지 사람에게 스펙이 있다고 생각하지 않습니다. 분야에 따라 자격증이 필요한 경우도 있지만 그런 것이 아니고 정해진 일을 하려고 취직을 하는 것도 아닌데 스펙에만 매달리는 것은 좋지 않습니다. 무엇보다 지식과 지혜가 중요하고 다양한 경험을 쌓아야지, 스펙에만 치중해 시간을 보내서는 안 된다고 강조하고 싶습니다.

학력이나 요즘 말하는 스펙은
성공의 중요한 기준이 되지 않습니다.

기계나 물건에 스펙이 있지
사람에게 스펙이 있다고
생각하지 않습니다.

역사를
보는 눈
☐

"우리의 내일과 미래는 어떤 모습일까요?" 이런 질문을 많이 받습니다. 이 물음 속에는 미래에 대한 기대와 불안이 모두 포함되어 있습니다. 경영인이나 청춘이나 할 것 없이, 사람들은 미래를 예측하고 대비하고자 합니다. 그렇다면 과연 어떻게 미래를 예측할 수 있을까요? 아마도 인류를 발전시켜온 원동력을 규명할 수 있다면 미래의 발전 방향도 예측할 수 있을 것입니다.

미래를 읽는 방법은 여러 가지가 있습니다. 그중에서도 저는 조상들의 지혜인 '온고지신溫故知新'이 더없이 좋은 가르침이라고 생각합니다. 옛것을 익혀 새것을 안다는 것은 과거의 역사를 통해 미래를 어느 정도 예측하고 준비할 수 있다는 의미이기도 합니다.

물론 역사를 살펴보는 것만으로 미래를 예측할 수는 없습니다. 하지만 역사에는 경향성이라는 것이 있습니다. 흔히 "역사는 반복된다"라고 말하는 것도 이런 이유에서입니다. 역사는 자연과학적인 현상처럼 절대적 법칙에 따라 똑같은 형태로 반복되지는 않지만 어떤 연관 관계 속에서 흐릅니다. 우리는 그 흐름을 통해 경제, 사회, 정치, 문화를 관통하는 트렌드를 읽어낼 수가 있습니다. 분명한 것은, 인류의 역사가 항상 더 나은 것을 향해 발전해왔다는 사실입니다. 이런 흐름을 충분히 이해하면 현명한 판단을 할 수 있는 통찰력을 키울 수 있습니다.

역사란 인간이 살아온 흔적이고 실제의 기록입니다. 어떤 방식으로 인간이 살아왔고, 어떻게 새로운 도구와 기술이 발명되었으며, 또 어떻게 산업이 형성되었는지를 볼 수 있는 유일한 장場입니다. 따라서 역사를 공부하는 것은 우리가 미래를 예측하기 위해 필요한 판단력과 통찰력, 선견력을 기르는 가장 좋은 연습이자 방법이 될 수 있습니다.

조지 오웰George Orwell의 《1984년》에서 주인공 윈스턴은 "과거를 지배하는 자가 미래를 지배한다"라고 말합니다. 역사는 우리가 살아보지 못한 과거를 체험할 수 있게 해줍니다. 한 번도 겪어본 적이 없는 상황을 경험하게 함으로써 미래를 준비할 수 있도록 도와줍니다. 이런 의미에서 역사는 우리의 갈 길을 보여주는 바로미터라고 생각합니다.

개인뿐만 아니라 조직에서도 역사 인식은 매우 중요합니다. 하나의 조직이 과거에 대한 올바른 역사 인식과 정확한 현실 인식을 공유할 때 그 조직은 더욱 발전할 수 있습니다. 올바른 역사 인식과 현실 인식은 조직 구성원의 의사 결정이나 행동을 올바른 방향으로 이끌어줄 수 있기 때문입니다.

역사를 어떤 관점에서 바라볼 것인지는 우리가 각자 걸어가는 길이 다르기 때문에 모범 답안이 없습니다. 서두에 멘토의 한계가 명확하다고 한 것과 마찬가지로 역사 역시 개인의 삶이 모두 다르기 때문에 어느 시대가 미치는 영향이 저마다 다르기 마련입니다. 그렇기 때문에 역사를 알아야 하는 중요성을 개인에게 강조한 것입니다.

한 가지 방법을 제시한다면, 누구나 아는 유명한 역사 역시 중요하지만 개인의 삶의 목적과 관심사에 따라 다양한 관점으로 역사를 바라봐야 한다는 것입니다.

일례로 우리가 역사 속에서 인류의 문명을 크게 발전시킨 위대한 군주·정복자·정치가·철학자·종교인·예술가의 이름은 기억하지만, 과학기술을 발달시켜 역사의 패러다임을 크게 바꾼 과학기술자의 이름은 잘 기억하지 못합니다. 1946년 세계 최초로 전자계산기를 개발한 에커트J.P.Eckert, 1948년 최초의 트랜지스터를 발명한 바딘John Bardeen, 브래튼Walter Brattain, 쇼클리William Shockley, 그리고 직접 회로를 개발한 킬비Jack Kilby, 1953년 DNA 유전자 구조를 발견한 크릭Francis Crick과 왓슨James Watson 등의 이름을 기억하는 사람은 거의 없을 것입니다. 그러나 이들이 과학기술을 혁신시킴으로써 20세기 후반의 역사를 크게 변화시킨 주역임을 부정하는 사람 또한 없을 것입니다. 아울러 도구가 발명되고 과학기술이 아무리 발전했다고 해도, 모험가와도 같이 위험을 무릅쓰고 이를 산업화시킨 선구자적인 기업가와 경영자가 없었다면 이를 문명의 이기利器로 만들 수는 없었을 것입니다.

지금까지 "경영인이 왜 역사에 주목합니까?"라는 질문을 많이 받았는데, 이런 점들이 제가 역사에 주목하는 이유입니다.

역사를 공부하는 것은
우리가 미래를 예측하기 위해
필요한 판단력과 통찰력, 선견력을
기르는 가장 좋은 연습이자
방법이 될 수 있습니다.

즉, 복잡하고 어려운 현실을 살아가고 어려움을 극복하려면 사물을 보는 시야를 넓히고 지혜를 기르고 이 지혜를 바탕으로 통찰력과 선견력을 키워야 합니다. 그러한 통찰력과 선견력의 바탕이 되는 것이 역사에 대한 인식입니다. 수천 년 동안 우리 조상들이 살아오면서 쌓은 경험과 지혜의 보고 속에 들어 있는 정보와 지식은 우리 한 사람이 짧은 인생을 살아가면서 도저히 경험할 수 없는 엄청난 양입니다. 고루한 옛것이 아니라 우리가 현재와 미래를 살기 위해 반드시 필요한 것이 역사임을 다시금 강조합니다.

격물치지하기

◻

우리는 일상에서 꿈과 열정을 갖고 열심히 매 순간 도전하며 살아갑니다. 현명하고 삶에 도움이 될 통찰력을 기르려면 격물치지格物致知를 반드시 알아야 합니다. 이 격물치지라는 것은 한학의 사서삼경 중《대학》에 나오는 구절입니다. 요즘 세대는《대학》을 별로 읽지 않지만,《대학》은 우리가 살면서 꼭 읽어봤으면 하는 책입니다.《대학》의 도는 밝은 덕을 밝히고, 국민을 새롭게 하고, 최고선에 머무르게 하는 것입니다.

　　그래서 하늘 밑에서 새로운 덕을 밝히고자 하는 사람은 예로부터 나라를 다스려야 하는데, '수신제가치국평천하'라는 말을 들어보았을 것입니다.《대학》의 정수는 큰 덕을 밝히고 국민을 새롭게 하고 최고선을 만들려면 수신제가치국평천하를 해야 하는데, 수신제가치국평천하를 하려면 치지를 해야 하고, 치지를 하려면 격물을 해야 한다는 이야기입니다.

그럼 격물치지는 무엇일까요? 치지는 지혜에 도달한다는 뜻입니다. 지혜에 도달하려면 격물을 해야 합니다. 격물은 참으로 어려운 이야기입니다. 한학에 밝은 사람도 이것을 정확하게 해석하지 못하는데, 쉽게 말하면 사물의 물리를 끝까지 파고들고 연구해서 사물을 꿰뚫어본다는 뜻입니다. 살면서 주변에서 물리가 터졌다는 이야기 들어본 적 있나요? 물리란 이치를 깨달았다는 것보다 더 깊은 뜻으로 쓰입니다. 열심히 연구하고 열심히 고민하고 열심히 사물을 꿰뚫어보아 그 이치를 앎으로써 보지 않고도 알 수 있을 정도의 경지에 이르는 것을 격물한다고 합니다.

한번 깊이 생각해보기 바랍니다. 서양에서 과학 문명이 발전하기 시작한 지 약 400~500년이 되었지만, 동양에서는 과학 문명이 서양처럼 발전하지 못했습니다. 수학이 발전되어서 수학을 공부한 것이 아니지만, 현명한 사람들이 격물의 경지에서 많은 것을 했습니다. 우리도 달력이 있었잖아요. 한글을 비롯하여 경복궁 같은 건축물 등 우수한 것이 많았습니다. 그러나 서양 사람들처럼 수학적으로, 논리적으로 설명하지 못한 것이 많습니다. 그 경지를 격물이라고 보는 것입니다. 우리가 격물치지의 참뜻을 헤아리고 그 경지에 이르기는 힘들겠지만, 일상 속에서 늘 이 부분을 자각하고 최선을 다한다면 분명 발전이 있을 것이라 믿습니다.

미래를
읽는 눈

오늘날의 변화는 우리가 상상할 수 없을 정도로 빠르고 그 폭도 매우 넓습니다. 그만큼 우리에게 다가오는 미래를 예측하기가 더욱 어려워집니다. 그렇다고 해도 미래를 예측하려는 노력을 게을리해서는 안 됩니다. 성공적인 미래는 도전하고 준비하는 자만이 얻을 수 있기 때문입니다.

물론 미래를 정확하게 예측하기란 불가능합니다. 사회 발전의 속도 역시 급격하게 빨라져 우리가 미처 인식하지 못하는 사이에 수많은 미래의 징조가 오늘도 우리 곁을 지나가고 있습니다. 이런 변화는 미래를 볼 수 있는 눈이 준비된 사람이나 미세한 감각을 가진 사람만이 감지할 수 있습니다.

하지만 역사의 흐름을 파악하면 미래를 어느 정도 짐작할 수 있습니다. 미래를 예측하는 데 사람에 따라 여러 가지 관점이 있겠지만, 다음 세 가지 관점으로 정리하겠습니다.

1. 과거와 현재의 연장선상에 있는 미래
2. 과거나 현재의 원인에 의해 영향을 받는 미래, 즉 인과관계因果關係에 따른 미래
3. 공상과학소설처럼 인간이 호기심과 상상으로 만들어보려고 꿈꾸는 방향으로 전개하는 미래

이러한 관점에서 미래를 보면 미래를 예측하는 데 도움을 얻을 수 있습니다. 디지털 혁명을 맞이하여 지식정보사회로 진입한 오늘의 사회 변화는 단기적으로 보면 불연속적이고 급격한 변화Quantum Leap로 보일 수도 있지만, 장기적 관점에서 보면 앞서 언급한 세 가지 측면으로 변화하고 있음을 알 수 있습니다. 이처럼 장·단기적으로 일어나는 크고 작은 변화의 징조는 눈으로 보기도 어렵고 느끼기도 힘들지만, 우리 주변에서 끊임없이 일어나고 있는 현상입니다.

따라서 미래를 예측하려면, 미세한 환경 변화나 여러 가

지 정보가 큰 변화를 알려주는 징조인지 아니면 단순한 잡음인지를 판단할 수 있어야 합니다. 즉, 정보의 가치를 제대로 파악할 수 있어야 합니다.

디지털 시대는 전기의 발명과 라디오, 텔레비전 등의 발명에서 시작되었습니다. 그때는 누구도 이런 발명이 오늘날의 디지털 시대를 만들어내리라고 상상하지 못했습니다. 이는 당시로서는 획기적인 발명이었지만, 오늘날의 시각에서 보면 작은 변화였다고도 볼 수 있습니다.

그러나 이처럼 작아 보이던 변화에서 출발한 디지털 기술은 큰 변화로 발전했고, 이 디지털 기술은 1960년대 컴퓨터, 1970년대 통신, 1980년대 오디오, 1990년대 영상 비디오 부문에서 아날로그 기술을 대체해왔습니다. 아날로그 기술이 디지털 기술로 바뀌면서 정보처리 속도와 저장 용량, 정보의 시간당 전달 용량이 급격히 증가했습니다.

이는 인터넷의 발전과 더불어 사회 전반에 정보의 폭발을 불러일으켰으며, 사회를 크게 변화시키고 있습니다. 오늘날의 변화는 물리적 공간에서 일어나는 것이 아니라 디지털 기술이 만든 네트워크와 인터넷이라는 보이지 않는 공간과 사회에서 일어나고 있습니다. 그렇기 때문에 피부로 느낄 수 없을 뿐만 아니라 변화의 실체와 규모, 속도도 알기 어렵습니다.

따라서 이러한 변화에 무관심하거나 변화를 따라가려고 노력하지 않으면, 그 변화를 느끼지도 알지도 못한 채 고립되고 도태될 것입니다. 미래는 기다리는 자의 것이 아니라 꿈과 열정을 갖고 끊임없이 도전하고 창조하면서 씨앗을 뿌리는 자의 것입니다. 씨앗을 뿌리지 않으면 싹이 나지 않는 것이 자연의 법칙입니다. 과거 아날로그 시대에는 경험과 기술, 부富를 축적하지 못한 후발자는 선발자를 따라잡기 힘들었습니다.

하지만 디지털 시대에는 창의력과 두뇌, 스피드가 경쟁력입니다. 누구나 창조적이고 도전적인 자세를 가지면 선발자를 따라잡는 것은 물론이고 앞설 수 있습니다. 우리는 현재 급격한 패러다임의 변화가 일어나는 디지털 시대를 살고 있습니다. 앞서거니 뒤서거니 하며 다 같이 새로운 디지털 시대의 출발선상에 서 있습니다. 이제 누가 빠르게 미래를 준비하고 도전하고 창조하느냐에 따라 선두가 결정될 것입니다. 저는 그 선두에서 가장 도전적이고 창조적인 사람들이 우리였으면 하고 바랍니다. 바로 이 시대를 이끌어나갈 여러분, 대한민국의 젊은 청춘이길 고대합니다!

Q. 스티브 잡스가 자서전에서 한 말 중에 공학과 인문학의 접점에서 마법이 발생한다는 말이 있습니다. 고문님은 과학기술에 대해 강조하셨는데, 인문학과 과학기술의 융합에 대해서는 어떻게 생각하시는지 여쭈어보고 싶습니다.

마법이 생긴다는 말은, 잘 모르겠습니다. 사실 학문에 인문학 따로, 자연과학 따로 있는 게 아니라고 생각합니다. 저는 초등학교를 입학하기 전에 백부님한테서 《천자문》, 《명심보감》, 《동몽선습》을 배웠습니다. 백부께서 돌아가신 지 오래되었지만, 그분은 한학뿐만 아니라 과학기술에도 무척 관심이 많았어요. 예를 들면 나무를 깎아서 시계를 만드셨는데, 이게 제대로 돌아갈 리가 없잖아요. 그런 것을 보면 학문은 분리할 수 있는 게 아니라고 생각합니다. 레오나르도 다빈치를 예로 들어볼까요? 화가였죠. 비행기를 만들려고 엄청 노력도 많이 했고, 또 철학가이기도 했죠. 그때는 사회가 단순했고 오늘날처럼 다원화되지 않았으니까 학문이 융합되어 있었다고 볼 수 있어요. 사실 지금도 융합되어 있지만 워낙 사회가 다원화되고 복잡해졌기 때문에 한 분야를 하는 사람이 다른 분야를 다 할 수가 없죠. 그래서 요새 융합이라는 이야기를 많이 합니다. 학문의 융합. 옛날에는 다 융합되어 있던 것이 다원화되다 보니까 세분화되었다고 생각합니다. 그래서 인문학이 따로 있고 자연과학이 따로 있는 것이 아니라고 이야기하고 싶습니다. 따라서 함께 공부해야 합니다. 양쪽을 서로 구분하지 말고 말입니다. 제가 역사 공부를 많이 하라고 하는 이유도 여기에 있습니다.

Q. 요즘은 스펙에 연연하는 대학생이 많습니다. 기업에서 원하는 인재상은 과연 스펙 위주의 사람인가요?

사람들이 많이 묻습니다. 요새 스펙이 중요한데 어떤 스펙을 길러야 하는지에 대해서요. 그럴 때마다 저는 스펙은 기계나 제품에 있는 것이 스펙이지 사람에게 어떻게 스펙이 있을 수 있느냐고 말합니다. 예를 들어 운전면허증, 기능 자격증 등이 있다고 하면 취직하는 데 당장 필요할 수 있을 것입니다. 건설 현장에서 감리·감독을 하려면 자격증이 있어야겠지요. 그러나 정말 세상을 살아가는 데 그것이 꼭 필요하냐, 그것으로 사람을 뽑느냐 하고 묻는다면, 그 일을 하는 데 필요한 사람은 그렇게 뽑을 것입니다. 그러나 여러분이 무슨 일을 할지 모르는 상태에서, 정해진 어떤 일을 하려고 입사하지 않으면서 무조건 스펙을 키우는 것은 맞지 않는다고 생각합니다. 사람이 어디 스펙이 있겠습니까. 기계 같은 경우 무게가 얼마인지, 스피드가 얼마인지, 그리고 제품의 경우 스펙이 있지만, 사람에게 스펙이 있다는 말 자체가 잘못되었다고 생각합니다. 사람을 뽑을 때 개인의 머릿속에 있는 지능, 지혜를 평가하는 것이 얼마나 어려운데, 스펙 한두 가지로 뽑을 수 있겠습니까.

정구호

소속 제일모직 전무
학력 파슨스 디자인스쿨 커뮤니케이션 디자인화
경력 제일모직 여성사업부 전무,
여성복 KUHO 크리에이티브 디렉터

새로운 실루엣과 새로운 커팅 아방가르드를 꿈꾸는 남자 정구호는 크리에이티브 디렉터이자 아트 디렉터이다. 디자이너를 꿈꾸는 수많은 사람에게 선망의 대상인 그는 동계 올림픽 유치에 나선 피겨 여왕 김연아의 프레젠테이션 의상을 디자인하면서 대한민국에서 가장 주목받는 디자이너가 되었다. 자신이 이끄는 KUHO 브랜드를 한국을 대표하는 세계적인 브랜드로 만들고 싶다는 정구호의 꿈을 향한 발걸음은 오늘도 멈추지 않는다. 미술, 요리, 패션, 영화, 음악에 걸쳐 다채로운 영역을 의욕적으로 섭렵하며 후회 없이 하고 싶은 일을 하는 게 가장 중요하다고 말하는 그의 목소리에는 행복한 삶에 대한 비전과 희망이 가득 담겨 있다.

창의력,
새로움을 향한 출발점

◘

여러분에게 세 가지 정도를 말씀드리려고 합니다. 첫 번째로 '비
크리에이티브Be Creative'하기 바랍니다. 창의성을 디자인이나 미
술에 관련된, 아니면 무언가 예술적인 분야에 국한된 이야기로만
생각하는 경우가 있습니다. 그러나 요즘은 창의성이라는 것이 예
술 분야에만 한정되지 않습니다. 어떤 일을 할 때 기존의 가치나
상식에 머무르지 않고 새로운 개성을 만들어내는 힘이 창의성입
니다. 창의성을 만들기 위해 고정관념을 깨야 한다고도 하고, 새
로움을 향해 도전하라고도 하고, 뒤집어보라고도 말합니다. 다
좋은 이야기입니다.

저는 한국에서 고등학교 때까지 공부를 했고 대학 입시에

는 실패했습니다. 그 결과 미술을 배우려고 유학을 가게 되었는데 그곳의 선생님께 그림을 참 잘 그린다고 칭찬을 받았습니다. 한국에서 미대에 들어가려고 엄청나게 미술 공부를 한 덕분이었습니다. 데생부터 구성 공부까지 무수하게 연습했으니까 숙련된 기술로 그림을 잘 그렸던 것입니다. 저에 비해 다른 학생들은 너무도 그림을 못 그렸습니다. 어떻게 이 친구들이 미술대학에 올 수 있었을까 싶을 정도로 그림을 못 그렸습니다. 초반에는 항상 A를 맞는데, 문제는 시간이 지나도 제 그림은 항상 그 위치에 머물러 있는 데 반해 다른 학생들의 그림은 크게 발전했다는 것입니다. 그 친구들은 제가 여태까지 보지 못했던 새로운 방법으로 그림을 그렸습니다.

　　과연 이 차이가 생기는 이유가 뭘까 생각했습니다. 고등학교 때 미술 공부를 하면서 미술 학원 선생님한테서 스케치를 할 때는 어떻게 해야 하고 명암을 넣을 때는 어떻게 해야 한다는 식으로 배웠습니다. 45도 각도의 선으로 일정 간격을 유지해야 되고 선이 뭉개지면 안 되고 면을 생각해야 한다는 고정적인 방식의 교육을 받은 것입니다. 그런데 거기 있는 친구들은 룰이 없었습니다. 손으로 문대는 친구도 있고, 연필을 으깨는 친구도 있고,

연필을 썼다가 파스텔 같은 것을 쓰기도 했습니다. 그 결과 제가 3학년이 되었을 무렵에는, 제 그림은 처음에 왔을 때보다 조금 더 완성도가 높아진 정도였지만 다른 학생들의 그림은 훨씬 성장해서 자신만의 독특한 작품을 만들어내고 있었습니다.

기준이 없다는 것이 자유로움만 중시한다는 소리는 아닙니다. 공식은 있는데 그 공식은 어떤 길을 가기 위한 하나의 가이드라인일 뿐입니다. 그 가이드라인을 기준으로 다양한 응용력을 만들어가는 것입니다. 저와 다른 친구들의 차이점은, 저는 그 공식만 알고 있었고 다른 친구들은 차차 그 공식을 깨달아가면서 공식을 응용해 새로운 무엇을 만들어내는 데 두려움이 없었다는 것입니다. 교육의 차이일 수도 있고 문화의 차이일 수도 있을 것입니다.

그런 결과에 개인적으로는 충격을 받고 학교를 옮기기로 결정해서 뉴욕으로 갔습니다. 첫 수업을 듣는데 선생님께서 칠판에 'Window'라는 단어를 하나 딱 쓰고 "다음 시간까지 해 오십시오" 하고 나가는 것입니다. 의아한 나머지 손을 들고 "Window 가지고 뭘 어쩌라는 겁니까? 포스터를 그리라는 겁니까, 로고 디자인을 하라는 겁니까. 이야기해주셔야 하지 않나요?"라고 질문했습니다. 그랬더니 그 이야기를 왜 자기가 해야 하느냐고 반문하셨습니다. 3학년이나 되었는데 알아서 해야 된다고 하시면서 'Window'라는 단어를 가지고 떠오르는 것을 디자인해 오라고만 반복하고 나가셨어요.

문제를 이해하지 못했으니 답을 낼 수가 없었습니다. 당연히 숙제를 하지 못했습니다. 세 번째 숙제까지 하지 못했습니다. 감이 안 잡혔습니다. 어떻게 하라는 것인지 알 수가 없었습니다. 그런데 다른 친구들은 단어 하나를 가지고도 정말 많은 것을 만들어왔습니다. 만들어오는 것을 넘어 각각에 대해 독특하고 다양한 설명까지 늘어놓았습니다. 꿈보다 해몽이라는 이야기를 하는데 해몽이 다들 좋았습니다. 저는 그때까지 꿈은 그려왔지만 해몽을 할 줄 몰랐던 것입니다. 아름답고 균형이 잘 맞춰진 디자인을 하거나 그림을 그리는 것이 전부였고, 그에 대한 배경 설명을 만들지 못했습니다. 그렇게 세 번째까지 숙제를 못 내 F를 맞다가 네 번째 프로젝트 때 비로소 숙제를 할 수 있었습니다. 그리고 칭찬을 받았습니다. 그 숙제가 시 한 구절을 보고 디자인을 하는 것이었는데, 시에 나온 내용을 텍스트로 표현해서 가지고 갔습니

진짜 해법을 찾아내려면
여러분의 생각이 고정되어
있지 않아야 합니다.
그럼 어떻게 고정관념을 깨야 할까요?

다양한 경험을 해봐야 합니다.

다. 제가 했던 디자인 중에 가장 단순한 방법을 썼는데 선생님께서 무척 좋아하시면서 여태껏 왜 숙제를 안 해 왔느냐고 하셨던 기억이 납니다. 그때까지 제가 배워왔던 방법, 이 정도는 해야 한다고 생각했던 것을 버리고 편하고 자유로워지니까 가장 좋은 답을 만들 수 있었던 것입니다.

진짜 해법을 찾아내려면 여러분의 생각이 고정되어 있지 않아야 합니다. 그럼 어떻게 고정관념을 깨야 할까요? 다양한 경험을 해봐야 합니다. 제가 옷을 만드는 일을 하니까 말씀드리면, 옷을 입는 일도 그렇습니다. 옷도 처음부터 '내 몸매가 이렇고 느낌이 어떠니까 이런 옷만 입어야지' 하고 특정 종류의 옷만 입는 것은 별로 좋지 않다고 생각합니다. 이 옷도 입어보고 저 옷도 입어보면서 자신에게 맞는 옷이 어떤 옷인지 체험해보고 주변의 반응도 들어보고 하는 것이 좋습니다. 그러면서 자기 스타일을 찾아가는 것입니다. 자기 체형을 잘 보완해주면서 개성을 드러낼 수 있는 옷을 입는 안목이 생기는 것이고요. 모든 일이 마찬가지라고 생각합니다.

내가 하고 싶은 일이 있다면,
그것이 새로운 직업이 된다

❏

직업을 만든다는 생각을 해보신 적 있으세요? 요즘 고용 문제가 심각합니다. 가끔 젊은 아티스트나 큐레이터, 기획자를 만나면 고용이 힘들다는 이야기를 듣기도 합니다. 특히 직업 선택의 폭이 제한적인 아티스트들은 보통 사람들보다 더 고용이 걱정인데, 왜 굳이 고용되어야 하는가에 대한 질문도 스스로 해보셨으면 합니다. 보통 이미 존재하는 직업에 어떻게 들어갈 것인가를 고민합니다. 그런데 그렇게 직업에 대해 생각하는 순간에도 수없이 많은 새로운 직업이 만들어지고 있습니다. 무슨 직업이 있는지도 다 모르는데 꼭 남들이 만들어놓은 직업을 선택해야만 할까요? 아니면 자신의 적성에 맞는 직업을 스스로 만드는 것이 나을까요? 자신이 어떤 일을 하고 싶다면, 그 마음을 가지고 새로운 직업을 만들어내려는 제안을 세상에 해볼 수도 있는 것입니다.

지방에 있는 어떤 대학교에 가서 패션과 관련된 직업에 관해 이틀 동안 워크숍을 한 적이 있습니다. 첫날은 딱 한 가지만 이야기했습니다. 패션이라는 이름하에 가질 수 있는 모든 직업을 나열해보라는 주문이었습니다. 그랬더니 패션 디자이너, 패션 기자, 패션메이커, 스타일리스트, 리포터, 코디네이터 등 12개의 직업이 나왔습니다. 그 이상은 아무리 쥐어짜도 나오지 않았습니다. 그래서 그다음에는 여기 나온 12개 말고 새로운 직업 12개를 다음 날까지 새로 만들어 오라고 했습니다. 다음 날에는 12개를 넘어 20개 정도의 직업이 나왔습니다.

두 번째 날 워크숍에서는 새롭게 만들어볼 직업을 정한 다음에 그 직업과 관련된 세세한 내용을 적으면서 명함을 만들었습니다. 그중에 몇몇은 실제로 그날 만든 직업을 가진 사람도 있습니다. 참가자 중 한 명은 대학원생이었는데 패션 디자인 공부를 충분히 했습니다. 그런데 스스로 자신은 디자이너로서 일하기에는 창의성이 좀 부족한 것 같고, 그렇다고 리포터를 하거나 스타일리스트를 하기에는 활동성이 적은 것 같아서 고민이라고 했습니다. 반면에 주위에 디자인이나 패션을 공부하는 친구들을 잘 알고, 다양한 브랜드에 관한 지식이 있었습니다. 그래서 그 학생이 낸 아이디어가 학교에서 일하는 일종의 헤드헌터 직업이었습니다. 학교에 남아 졸업생들과 업계를 연결해주는 역할을 프리랜서로 하고 싶다고 했고, 지금 그 일을 하고 있습니다.

직업은 만들어갈 수 있다고 생각합니다. 돈과 배경에 의해서 직업을 선택하느냐, 아니면 본인의 미래를 위해서 직업을 찾느냐는 선택입니다. 정해진 답은 없지만 자신만의 해답을 찾기 위해 여러 가지 경험을 해봐야 하는 것이고, 다양한 가능성을 열어두는 것이 좋습니다. 저도 어려서는 피아노와 미술에 관심이 있어서 그런 쪽으로 진로를 잡고 싶었습니다. 유학 가서도 공부한 것이 패션이 아니라 광고미술이었습니다. 그 와중에 제가 패션을 정말 좋아해서 매일 옷 가게에 가서 무슨 옷이 있고 어떤 디자인이 나왔는지 보면서 패션을 공부하게 된 것입니다. 뭐가 정해져 있었던 게 아니라 하고 싶은 것을 따라가다 보니 이 자리에 서게 되었습니다.

호기심은
이제 필수다

◻

두 번째 이야기는 '비 큐리어스Be Curious'입니다. 항상 호기심을 가지고 세상을 대했으면 좋겠습니다. 예전에는 호기심이 많다고 하면 잡생각이 많은 거니까 별로 좋지 않은 것이 아닐까 싶었습니다. 그런데 요즘에는 여러 분야에 관심이 있고, 그로 인해 다양한 문화를 탐구할 가능성이 있다는 것일 수 있습니다. 더 나아가서 호기심은 새로운 직업에 대한 가능성, 이전과는 다른 창의적인 가능성을 만들어낸다고 생각합니다. 저는 예전부터 너무 공상을 많이 하는 학생이어서 선생님한테 혼난 적이 적지 않습니다. 엉뚱하다고 생각할지 모르겠는데, 딴생각을 아주 상세하게 하는 편입니다.

지금도 그런 식으로 공상을 많이 합니다. 최근에는, 제가 요리하는 것을 좋아하니까 국수 파는 가게를 내볼까 상상해본 적이 있습니다. 그러면 머릿속에서 국수 가게를 실질적으로 완성해봅니다. 완성될 때까지는 그 생각을 놓지 않습니다. 가게의 이름, 가게의 메뉴, 식자재를 어디서 구입할 것이고, 어떤 식으로 요리할 것이고, 어떻게 운영할 것이고, 일하는 친구들 유니폼은 어떻게 할 것이고, 요리 디자인은 어떻게 할 것이고, 간판은 어떤 식으로 제작할 것인지 등등 공상을 실질적이고 구체적으로 합니다. 공상을 한번 시작하면 끝을 보기 때문에 공상을 할 때는 일을 못하는 현상이 생기긴 하는데, 그래도 멈출 수가 없습니다.

한번은 좋아하는 공상을 종이에 계획서같이 적어본 적이 있습니다. 무엇을 종이에 적는 것을 원래 좋아하진 않습니다. 저는 메모하는 것도 싫어하고 적는 것도 싫어합니다. 그런데 그때는 그 공상의 내용이 아깝다는 생각이 들어서 적었더니 모두 48가지가 나왔습니다. 48가지 사업이 나온 것입니다. 공상을 지나치게 많이 했다고 하실 수도 있지만, 그런 식의 접근이 어떤 의미에서는 중요하다고 생각합니다. '큐리어스'한 것 말이에요. 전공을 살려서 본인이 하고자 하는 일을 명확하게 해내는 것은 물론 중요합니다. 그런데 최근에는 하나의 전공만 가지고는 자기가 하고자 하는 일을 완성도 있게 할 수 없습니다. 사회가 복잡해지기도 했고, 여러 가지가 복합되고 혼재되는 시기입니다. 예전에는 한 우물만 파는 장인을 최고로 쳤지만, 요즘은 다양한 장르를 혼합해서 기획하는 사람이 더 좋은 평가를 받습니다.

저는 이것저것 일을 벌이고 여기저기 발을 걸치는 것을 좋아하는데, 그것이 장점이 된다고 생각합니다. 처음에 패션 분야에서 일을 시작하고 나서 여러 패션 디자이너 선생님한테 많이 야단맞았습니다. 요리, 영화감독, 미술감독 등 여러 가지 일을 하니까 패션 디자이너가 왜 이리 번잡스럽냐고 꾸짖으신 것입니다. 진짜 패션 디자이너는 패션 디자이너 일만 하면 되지 다른 일을 왜 그렇게 많이 하는지 이해하지 못하셨는데, 지금은 조금 인정하시는 것 같습니다.

그 모든 일이 패션 디자이너 일과 무관하다고 생각해본 적은 없습니다. 지금도 제가 10가지 정도의 프로젝트를 동시에 진행하고 있는데, 그중에 4가지만 패션과 직접 관련이 있는 일이고 나머지는 어떻게 보면 패션과 전혀 관련이 없는 것처럼 여겨지는 일들입니다. 게다가 다른 일들을 같이 해서 오히려 제 일에 집중할 수 있는 측면도 있습니다. 시간이 없으니 집중해야 일을 끝낼 수가 있잖아요? 어떤 일을 하려고 20시간을 투자한다고 할 때 그 20시간 동안 내내 그 일만 하지는 않을 것입니다. 저는 시간을 쪼개어서 여러 가지 일을 하는 데 익숙한 편입니다. 유학을 하는 동안 아르바이트를 20가지 넘게 하면서 살았기에, 자연스럽게 열여덟 살 때부터 시간을 효율적으로 쓰는 방법을 터득할 수 있었습니다. 많은 일을 한다고 해서 자기가 집중하려고 하는 일을 놓치거나 못한다는 법은 없습니다.

　　호기심에 관한 이야기를 조금 다른 시각으로 접근해보겠습니다. 여러분은 전문적인 지식수준의 취미를 몇 가지나 가지고 있나요? 취미는 자신이 목표로 한 방향성을 놓고 볼 때 친구 같은 역할을 한다고 생각합니다. 본인이 한 가지 일을 완성하려고 그 일을 추구했을 때, 그것 한 가지만 하다가 잘 안 된다면 기댈 수 있는 곳이 없습니다. 그것밖에 할 수가 없는 까닭입니다. 저는 새로운 일에 도전할 때 이런 생각을 했습니다. 나는 요리를 잘하고, 요리를 해서 돈을 벌 수 있고, 요리 전문 지식이 있기 때문에, 만약에 내가 가고자 하는 길에서 최선을 다해 노력했지만 잘 안

됐을 경우에는 언제라도 다시 음식을 만드는 일을 할 수 있다고요. 과거에 패션 일을 하는 데 필요한 돈을 벌려고 뉴욕 대학교 앞에 레스토랑을 열었는데 정말 좋은 반응을 얻었던 경험이 있습니다. 요리를 정식으로 배워서 자격증을 가지고 있기도 합니다.

그런 식으로 전문적인 지식과 취미는 의지할 수 있는 공간을 만들어줍니다. 또 스트레스를 풀어준다는 중요한 역할도 합니다. 저는 일주일에 여덟 번씩 요리를 합니다. 저녁 약속이 있어서 식사를 하고 들어와도 꼭 요리를 합니다. 여러 식자재를 가지고 갖가지 방법으로 만들어서 눈으로 보기도 하고 냄새도 맡고 먹어보면서 스트레스를 풉니다. 누구든 전문적인 취미를 가질 필요가 있고, 취미가 많으면 많을수록 좋다고 생각합니다. 또 그 취미가 본인이 하고자 하는 일과 아무 관계가 없을 것 같지만, 일을 하다 보면 관계가 생기기 마련입니다.

제 경우를 예로 들어보겠습니다. 패션 브랜드 하나를 만들려면 다양한 피아르PR 활동을 합니다. 그리고 고객과 소통하기 위한 행사를 합니다. 일반적으로는 패션쇼를 하기 마련인데, 그렇게 하지 않고 한번은 저희 고객들을 모셔놓고 음식과 관련된 행사를 했습니다. 그런데 그 행사가 무척 반응이 좋았습니다. 취미를 살려서 하는 일이었으니까 잘될 확률이 더 높은 행사였다고 생각합니다. 이처럼 취미 생활을 하는 것이 단순히 전문적인 지식을 얻는 데에서 끝나는 게 아니라 자기 일과 연결시켜 특별한 성과를 내면서, 또 다른 장르의 사람들과 연결 고리도 만들 수 있습니다.

연결시키고
혼합하기

그래서 세 번째로 이야기하고 싶은 것이 '비 커넥티브 Be Connective' 입니다. 이 섹션이 참 힘듭니다. 저는 성격이 내성적인 탓에 사람들과 자연스럽게 친분을 쌓지 못하는데 나름대로 노력하고 있습니다. 꼭 그래서는 아니겠지만, 제가 만드는 옷도 어떻게 보면 사람을 좀 탑니다. 그런데 옷을 입는 일이나 사람을 만나는 일이나 당장은 어색해도 그 어색함을 딛고 나아가면 오히려 더 친숙해질 수 있는 요소가 있습니다. 어색한 옷이었는데 입다 보면 어느새 오래 입는 옷이 되고, 처음엔 조금 까칠했는데 그런 사람이 한번 친해지면 관계를 오래 가져가는 경우도 있습니다. 그러므로 한두 번 만남에서 어색했다고 그 관계를 포기하기보다는 꾸준히 만나보기 바랍니다. 가능성은 충분합니다.

정구호

지금 시대에 같은 장르의, 같은 부류의 사람만 만나면 성과를 이룰 수가 없습니다. 다양한 장르의 사람들과 만나서 어떻게 대화를 하느냐가 여러분의 지식과 직업의 성취에 중요한 영향을 줍니다. 최근에 제가 뉴욕 컬렉션을 계속 하고 있는데, 지난 시즌의 주제가 메디컬이었습니다. 메디컬에 관련된 주제를 하게 된 이유는 우연히 대체 의학을 하는 몇몇 분의 모임에 낀 것이 계기였습니다. 그 모임에는 서양의학을 한 분도 있고, 한의학을 한 분도 있고, 그 밖에 특이한 공부를 한 분도 다양하게 있었습니다. 그런 분들을 뵙고 이야기를 나누다가 좋은 기회로 인체 해부를 하는 경험을 갖게 되었습니다. 재미있겠다는 생각이 들었습니다.

　　잠깐 거기서 배운 지식을 말씀드리면, 요즘에는 인체 해부의 방법론이 바뀌고 있다고 합니다. 예전에는 해부를 한다고 하면 절개해서 장기를 꺼내보고 했는데, 요즘에는 육류의 포를 뜨듯이 해부를 한다고 들었습니다. 피부를 건져내고 근육과 피부 사이에 있는 여러 가지 막을 들어내고 하는 식으로 방법론이 바뀌었다고 볼 수 있습니다. 예전에는 별 의미를 두지 않았던 피부의 단면이 단순히 피부와 근육 사이에 막 역할을 하는 것이 아니

지금 시대에 같은 장르의,
같은 부류의 사람만 만나면
성과를 이룰 수가 없습니다.

다양한 장르의 사람들과 만나서
어떻게 대화를 하느냐가
여러분의 지식과 직업의 성취에
중요한 영향을 줍니다.

라 장기에 관한 정보를 주는 역할을 한다는 접근입니다. 사실 저는 그런 분야하고는 상관이 없지만, 그럼에도 그런 내용이 재미있었고 그 지식을 이용해 쇼를 하면 어떨까 하는 아이디어를 얻었습니다. 결과적으로 메디컬, 해부학에 관련된 패션쇼를 해서 좋은 반응을 얻었습니다.

나와 상관이 있고 없고를 떠나 다양한 장르를 알고 새로운 정보를 얻으면서 많은 사람과 만나보길 바랍니다. 이 모든 것이 나에게 하나의 도서관과 같은 역할을 하게 되면, 필요로 할 때 재미있는 혼합이 되어줄 수 있습니다. 좋은 자료들을 계속 모아 쌓아두고 있으면, 어느 순간 자기가 필요로 할 때 그 자료들이 합쳐져 좋은 아이디어를 제공해줍니다. 그런 연습이 잘 되어 있지 않으면 메모를 하는 것도 좋습니다.

마지막으로 상대성에 관해 잠깐 이야기하겠습니다. 저는 남자인데 여성복을 디자인합니다. 그 점이 이상하다고 느끼는 분도 있습니다. 그런데 남성의 상상 속에서 여성이 더 여성스러워진다는 생각을 혹시 해봤나요? 옷은 남에게 보이는 것이니까 자기 자신보다 자기를 바라보는 사람이 만드는 게 더 나을 수가 있습니다. 꼭 그렇다는 것은 아니지만요. 관계 안에서 생각한다는 건 이런 것입니다. 한 가지 방향만, 또는 자기중심으로만 생각하는 것이 아니라 여러 관계 안에서 이렇게도 비추어보고 저렇게도 비추어보는 것입니다. 그러면 그 비추어보고 싶은 것이 더 잘 드러난다는 의미입니다.

제가 지금까지 달려온 것도 수많은 관계 안에서 여러 기회를 얻고, 다양한 사람과 소통하면서 제 자신을 잘 알고, 제가 즐거울 수 있는 일을 해왔기 때문이라고 생각합니다. 좋아하는 일을 해도 두렵고 긴장되는 순간이 언제나 있습니다. 전에 방송에 나가서 이야기한 적도 있는데, 패션쇼를 하면 보통 6개월 준비한 것이 15분, 20분 만에 끝납니다. 그러면 1분 1초를 생각하면서 일을 진행해야 하는데 정말 힘이 듭니다. 하지만 힘들고 정신없으면서도 그 안에서 그다음을 생각하게 됩니다. 그 일이 재미있기 때문입니다. 힘들지만 도전하고 성취해내는 것이 나중에 후회가 없습니다.

옷을 만드는 것만이 기획이 아니라 이 세상에 존재하는 모든 물건을 만드는 것이 기획이 될 수 있습니다. 기획에 한계는 없다고 생각합니다. 2012년에 여태까지 해보지 않았던 세 가지

정
구
호

일에 도전해볼 계획입니다. 할 수 있는 일의 범위 내에서 최대로 다양한 일을 해보려고 합니다. 그것이 패션 일에도 도움이 된다고 봅니다. 그 덕분에 제가 하는 패션이 남들이 갖고 있지 않은 다양한 장점을 가진다고 생각합니다. 여러분도 마찬가지로 창의적인 생각과 다채로운 분야를 향한 호기심을 가지고 다양한 사람과 교류하면서 하고자 하는 꿈을 이룰 수 있게끔 도전해보았으면 합니다.

Q. **새로운 게 떠오르지 않을까 봐 두렵지 않으셨나요? 그런 두려움을 극복하는 방법이 있을까요?**

저도 과거에는 아이디어가 떠오르지 않으면 어떻게 하나 걱정을 했습니다. 그런데 어느 순간부터 그 고민을 하지 않습니다. 저는 어떤 아이디어가 필요할 때는 전혀 다른 일을 합니다. 머리를 비웁니다. 아이디어가 떠오르지 않는다고 머리를 잡고 있을 때는 사실 머리가 막혀 있는 것입니다. 다른 일과 다른 행동을 함으로써 머리를 비워주면, 비운 자리에 새로 아이디어가 떠오른다고 생각합니다. 이런 말을 하면 너무 자만심이 크다고 비칠 수도 있겠지만, 전에 인터뷰할 때 이런 이야기를 한 적이 있습니다. 어떤 질문이 과제로 던져졌을 때 3초 안에, 길어도 5초 안에 아이디어가 떠오르지 않으면 그건 쉽게 떠오르는 아이디어가 아니라고요. 떠오르지 않을 때는 아이디어를 찾아내려고 노력해야 하는데, 끊임없이 생각하는 노력이 아니라 머리를 비우려는 노력이 필요하다고 봅니다.

Q. 인생에서 가장 힘들었던 시기는 언제였나요? 그리고 그것을 어떻게 극복하셨나요?

제일 힘들었던 시기는 하고 싶은 것을 결정했는데 못할 때였습니다. 어린 시절에 그런 일들이 좀 있었습니다. 개인의 힘으로 안 될때가 있는데 그럴 때가 가장 아쉬운 것 같습니다. 그 후에 일로서 힘든 것은 없었습니다. 일 때문에 어려운 것은 일로써 해결한다는 마음을 가지고 있고, 체질적으로 스트레스도 안 받는 편입니다.

Q. 디자인을 모방하실 때도 있으신가요?

당연히 있습니다. 모방은 창조의 어머니라는 말도 있잖아요. 저는 뮤지션을 부러워하는데, 뮤지션들은 창작 능력도 있지만 훌륭한 음악 작품이 있으면 연주하고 노래해서 자신의 것으로 완성할 수가 있습니다. 기존의 어떤 곡을 뮤지션이 연주했는데 그것을 모방이라고 부르지 않습니다. 그 곡을 가져와서 새롭게 소화해낸 것이니까요. 모방하지 않는 작가는 없다고 생각합니다.

다만 모방을 할 때 그 작업을 얼마만큼 자기 것으로 만드느냐가 중요합니다. 어떤 것에 영향을 받았더라도 결과물을 봤을 때 누가 봐도 이건 새롭게 만든 사람의 것이라는 인상을 받는 경우가 있고 그냥 따라 했다는 느낌을 받는 경우가 있습니다. 모방을 한 것 자체가 아니라 결과물을 만들었을 때의 인상이 중요합니다.

Q. 자신에게 영감을 주는, 변하지 않는 단 한 가지가 있다면 무엇을 꼽고 싶으세요?

영감의 원천은 어떤 하나라고 결정지을 수가 없습니다. 영감을 주는 방법론과 소스가 무척 다양하고 매번 변하기 때문입니다. 하지만 그 영감을 갖기 위한 조건은 확실히 말씀드릴 수 있습니다. 항상 머리를 깨끗하게 비우고 여러 가지에 관심을 갖는 것입니다.

최인아

소속 제일기획 부사장
학력 이화여자대학교 정치외교학과 졸업
경력 제일기획 부사장, 제일기획 전무

말단 카피라이터로 제일기획에 입사해 삼성에서 '최초의 여성 임원'을 넘어 '최초의 여성 부사장'까지 올라선 인물이다. 대한민국 사람이면 누구나 알 만한 카피, "당신의 능력을 보여주세요", "자꾸자꾸 당신의 향기가 좋아집니다" 등을 직접 쓴 광고계의 진정한 프로이다. 제일기획에서 국내 광고 크리에이티브 분야를 책임져 왔고, 2000년에 삼성 그룹 최초로 공채 출신 임원으로 승진했다. 1998년에는 칸 국제광고제 심사 위원을 지냈으며, 1999년에는 대통령 표창을 받기도 했다. 직장 내에서도 '최 프로'로 불리는 최인아의 인생에서 진짜 프로의 필수 조건을 찾아보자.

청춘은
불안하다

◼

보통 저를 "삼성 최초의 여성 부사장이다", "최초의 공채 출신 임원이다" 같은 말로 수식하곤 합니다. 하지만 사실은 광고하는 사람들, '쟁이'들은 무엇을 만들었는지에 따라, 그 무엇이 그 사람을 대변하기 마련입니다. 저는 제일기획에서 꾸준히 광고를 만들어온 카피라이터입니다. 한 6년 전부터는 카피를 쓰거나 아이디어를 내는 것은 후배들에게 맡기고 저는 그 후배들이 일을 좀 더 잘할 수 있도록 기회를 만들고 사업을 키우는 일을 하고 있습니다. 그러다 보니 최근작이 특별히 없긴 합니다.

이제부터 학교를 졸업하고 일을 하면서 28년여 동안 겪었던 인생 경험 안에서 고민하고 느꼈던 부분을 여러분께 진솔하게 말씀드려 보겠습니다. 이 이야기는 '흔들림'에 관한 이야기이기도 합니다. 무슨 이야기를 할까 생각을 참 많이 했습니다. 그러다가 생각을 바꿨습니다. 여러분이 듣고 싶어 할 주제를 전하는 것이 당연하다고 생각했습니다. 그래서 사람들에게 물어봤습니다. 많은 분이 피드백을 주셨는데, 거기서 얻은 여러 주문과 제가 할 수 있는 이야기 사이에 교집합을 헤아려봤더니 "불안해요", "불확실해요", "이럴 때 이거 어떻게 해내셨어요?"라는 물음에 대해 답을 드릴 수 있겠다는 생각이 들었습니다.

그런 이유로 여러분께 전하려는 주제는 '불확실성을 이기는 힘'에 관한 내용입니다. 정도의 차이는 있겠지만 우리는 누구나 불안합니다. 저 또한 그렇습니다. 제 이력을 보면 '부사장'이라고 하니까 저 사람은 처음부터 목표를 명확하게 가지고 넓고 평평한 길을 걷듯이 살아왔을 거라고 생각하실 수도 있지만, 저 역시 끊임없이 흔들리며 살아온 인생이었습니다. 어디로 갈지 몰랐고 고민과 방황을 많이 하면서 한발 한발 발을 내딛으며 제 길을 찾아서 여기에 이르렀습니다.

그 과정에서 제가 깨달은 것은, 인생은 사는 내내 진로에

최
인
아

대한 고민이라는 것이었습니다. 학생 때는 취업을 하면 그것으로 진로에 대한 고민은 끝이라고 생각했습니다. 그런데 아니었습니다. 회사에 입사하자 취업했다는 안도감은 조금 지나니까 사라지고, 작게는 '팀을 옮겨달라고 할까?', 크게는 '회사를 옮겨볼까?', 더 크게는 '이 일을 계속해야 하는 건가? 아니면 그만두고 공부를 해야 하는 걸까?' 하는 고민이 끊이지 않았습니다. 그러면서 살아가는 내내 내가 어느 길을 가야 하는지 고민하게 된다는 것을 깨달았습니다.

괴테Johann Wolfgang von Goethe는 "인간은 노력하는 한 방황하게 되어 있다"라고 했답니다. 그러니까 혹시 지금 어디로 갈지 잘 몰라서 방황하고 불안한 마음을 가지고 있다면, 조금도 이상하게 생각할 필요가 없습니다. 더구나 청춘의 시기는 장차 여러분 인생을 걸고 해야 할 일이 무엇인지를 모색하고 시도하다가 방황하는 시기입니다. 불안은 아주 자연스럽고 당연한 것입니다.

저는 어려서 작가, 그다음에는 교수, 기자, 칼럼니스트 같은 사람이 되고 싶었습니다. 겉으로 보기에는 이 일들이 다 달라 보이지만 본질은 같았습니다. 글, 혹은 말로 내 생각을 전하고 표현하는 일을 어렸을 때부터 줄곧 하고 싶었던 것입니다. 그러다 보니 어떤 직업을 구체적으로 가질지는 막연했지만 말이나 글과 관련된 일을 하게 될 거라는 예감은 있었습니다. 그런 꿈이 있었기 때문에 대학교 4학년 때 기자 시험을 봤습니다. 그런데 인생이라는 것이 참 묘합니다. 신문사 면접시험을 보러 가서 제 순서를 기다리고 있는데, 앞에 잡지가 하나 놓여 있었습니다. 참 당돌하게도, 면접 가면 막 떨릴 텐데 잡지를 봤습니다. 바로 그 잡지에 실려 있던 반쪽짜리 기사 하나가 제 운명을 바꿨습니다. 그 기사의 제목이 '이색 직종 소개'였습니다. 카피라이터라는 직업을 소개하는 기사였습니다. 그때 세상에 이런 직업도 있구나 하며 신기해하고 면접을 봤고 면접에서 떨어졌습니다. 그런데 한 번만 떨어진 것이 아니라 여러 군데에서 떨어졌습니다.

그리고 실의에 빠져 있었습니다. 그런데 참 묘하게도 그때 마침 제일기획에서 카피라이터를 뽑는다는 신문 공고가 났습니다. 면접 전에 잡지에서 그 기사를 보지 않았다면 무엇을 하는 직업인지 모르니까 그냥 지나쳤을 것입니다. 하지만 불과 며칠 전에 본 그 직업을 뽑는다는 기사가 났고, 어쨌든 직업 끝에 '라이

최
인
아

터'가 붙으니까 나도 무엇인가 해볼 수 있지 않을까 하는 마음으로 응시해서 다행히 합격했습니다.

더 좋았던 것은, 그 일은 지원자가 남자인지 여자인지 상관없고 전공도 관계없다고 했다는 점이었어요. 제가 입사 시험을 보러 다닐 즈음만 해도 여학생은 입사 기회조차 안 주는 데가 대부분이었습니다. 저는 정치외교학을 공부했는데, 사실 여학생을 뽑는 데에서도 영문과 같은 쪽의 여학생은 찾았지만 정치외교학과 여학생은 그 당시 별로 환영하지 않았습니다. 고 3 때 정치외교학과를 가겠다고 말씀드렸더니 저희 아버지가 그러셨습니다. "얘, 정외과 나온 며느리를 누가 좋아하냐?" 그래서 제가 "시아버지랑 사나요? 신랑이랑 살지"라며 받아치고 고집을 부려서 입학을 했는데, 취업할 때는 애를 좀 먹었습니다.

나를 발견하여
극복하자

◘

입사를 해서 안도의 한숨은 내쉬었는데, 회사 일에서 라이팅이라는 부분은 제가 생각했던 것과 같았지만 요구하는 게 참 달랐습니다. 가니까 선배들이 그랬습니다. "카피라이터는 말이야, 끼, 감각, 순발력 이런 게 중요해." 그런 건 제게 별로 없는 건데 좀 불안했습니다.

그렇게 몇 달쯤 지났습니다. 토요일 어느 날이었습니다. 신입 사원 딱지도 떼어가던 차이고 주말인데 날씨도 좋고 하니 일 끝나고 친구들이나 만나야겠다고 생각하고 있었는데, 회사에서 제 사수 역할을 하는 선배가 잠깐 보자고 불렀습니다. 그러고는 아주 심각한 얼굴로 "내가 너를 6개월 쭉 지켜봤는데 너는 싹수가 노랗고 가능성이 없다. 차라리 지금 일을 빨리 접고 다른 길

내 방식으로 해도 통한다는 것을
입증하려면

내 안에 무엇이 있는지,
내가 뭘 잘하는 사람인지,
내가 어떤 사람인지를
먼저 알아야 합니다.

을 찾아보는 게 좋겠다"라는 얘기를 진지하게 했습니다. 그때 제일기획이 광화문에 있었는데, 그 선배의 이야기를 듣고 덕수궁 돌담길을 눈물 콧물 범벅이 되어 걸었던 기억이 납니다. 그리고 생각했습니다. 자존심 때문에 그 이야기를 듣고 그대로 주저앉을 수가 없었습니다. 결국 결심했습니다. '그래? 내가 당신이 틀렸다는 걸 보여주겠어' 하면서요.

그런데 막상 어떻게 해야 할지는 잘 모르겠는 것입니다. 일단은 그때까지 하지 않았던 다른 생각을 하기 시작했습니다. 광고에서 중요한 건 끼, 감각, 순발력이라고 다들 이야기하는데 다른 가능성은 없을까 의문을 던져봤습니다. 왜냐하면 그 말을 그대로 받아들이면 저한테는 기회가 없으니까요. 그 선배도 제가 그런 걸 가지고 있지 않으니까 가능성이 없다는 이야기를 하지 않았겠어요?

다행스러웠던 게 제가 그때 당돌했습니다. 그 당돌함이 저를 지금까지 오게 한 힘이었던 것 같습니다. 그 상황에서 '나도 끼를 조금 키워볼까? 감각을 키워볼까? 아니면 순발력을 키워볼까?' 하며 대응할 수도 있었는데, 그렇게 해서는 잘할 수 있을 것

최
인
아

같지가 않았습니다. 그 대신 오기를 품었습니다. '당신이 틀렸다는 걸 보여주겠어', '내 방식으로도 통할 수 있다는 걸 보여주겠어'라고 다짐하면서요. 농담처럼 드리는 말씀이지만, 나중에 이 생각은 "당신의 능력을 보여주세요"라는 카피로 이어집니다. 그리고 마침내 결론을 내렸습니다. 내 방식으로 해도 통한다는 것을 입증하려면 내 안에 무엇이 있는지, 내가 뭘 잘하는 사람인지, 내가 어떤 사람인지를 먼저 알아야 한다고 말입니다. 그래서 저라는 사람을 깊이 들여다보기 시작했습니다.

스스로를 관찰해보니까, 제겐 다양한 현상 속에서 궁극적인 본질을 남보다 빨리 읽는 눈이 있는 것 같았습니다. 요즘은 그런 특성을 인사이트Insight라고 합니다. 그리고 어떤 사안을 남들이 보는 보편적인 시각이 아니라 내 관점으로 볼 줄 알고, 내 식의 언어로 정리하는 재능이 있다는 것을 알게 되었습니다. 요즘 인문학 이야기를 많이 하는데, 제 관점에서 보면 인문학은 인간 내면을 탐구하는 학문입니다. 그리고 사회과학은 인간이 사회를 이루고 살아가면서 집단행동을 할 때 생기는 다양한 문제를 인간에 대한 탐구를 응용해 해결하고 좀 더 나은 사회를 만들 수 있도록 해법을 공부하는 학문입니다.

그러고 보니까 광고라고 하는 것이 소설이나 시 같은 순수 장르가 아니고 광고주가 가진 마케팅 문제를 해결하는 데 필요한 실용문이었습니다. 거기까지 생각이 도달한 후에는 희망이 생겼습니다. 사회과학을 공부했으니까 그 공부로부터 나오는 생각하는 힘, 다시 말해 논리적으로 무언가 결론을 만들고 내 관점으로 생각해 내 언어로 정리하는 작업을 해볼 수 있겠다는 자신감이 생긴 것입니다. 그 후로 감각적이거나 튀는 광고는 썩 잘하지 못했지만 콘셉트가 강한 광고, 아예 생각부터 다르게 접근하는 광고를 조금씩 시도했고, 제가 잘하는 부분에서는 좋은 평을 듣기 시작했습니다. 제 자리를 찾기 시작한 것입니다.

최
인
아

나를 알고
세상을 나에게 맞추게 하자

□

일련의 경험을 하면서 내린 결론이 하나 있습니다. 결론이라기보다 배운 것입니다. 여러분에게도 이런 이야기를 해드리고 싶습니다. 세상의 기준에 맞추지 마라! 그 대신에 내가 가진 것을 세상이 원하게 해라. 스펙? 그건 세상이 원하는 기준에 맞추는 것입니다. 여러분, 사람들이 무엇에 열광하던가요? 자기 내부보다는 바깥에, 그리고 나만의 무엇보다는 유행에 민감합니다. 그렇게 외부의 변화에 휘둘리지 말고 내 것으로 밀고 나가자는 말입니다. 내 안에 무엇이 있는지를 탐구해 그것을 가지고 승부를 걸어보자는 뜻입니다.

나를 알아보려면 어떻게 해야 할까요? 내가 어떤 사람인지부터 알아야 합니다. 내가 뭘 잘하는지, 내가 어느 때 기쁜지,

어느 때 행복한지, 어느 때 좌절하는지, 나한테 중요한 건 뭔지에 대해 말입니다.

삶은 끊임없이 선택의 연속입니다. 살다 보면 때로는 이것과 저것이 부딪쳐요. 하나를 가지면 다른 하나는 놓아야 합니다. 그럴 때 여러분은 어떤 기준으로 선택을 하고 어떤 기준으로 놓죠? 그 기준이 바로 자신이 인생을 살면서 제일 중요하게 생각하는 것입니다. 그것이 무엇인지는 사람마다 다 다릅니다. 그것을 아는 것에서부터 시작했으면 좋겠고, 여러분이 자신과 보내는 시간을 많이 가졌으면 합니다. 어려운 말로 자기 성찰이라고 합니다.

저 같은 경우는 앞으로 일을 '스스로' 잘할 수 있는 방식으로 해야겠다고 깨달았습니다. 우리가 도인을 보고 깨달은 사람이라고 합니다. 그런데 도인만 깨닫는 것이 아니라 평범한 사람도 깨닫습니다. 여러분도 가끔 깨닫죠? 도인과 평범한 사람의 차이가 깨닫고 깨닫지 못하고가 아닌 것 같습니다. 차이는 바로 일관성이 아닐까 싶습니다. 보통의 사람들은 고민을 해결해서 한 번 고비를 넘기고 나서 시간이 지나면 그 고민을 다시 합니다. 저도 마찬가지였던 것 같습니다.

인생 이야기를 이어나가 보겠습니다. 내가 이 일을 어떻게 잘할 수 있을지에 대한 고민은 조금씩 해소되어갈 무렵이었습니다. 그런데 또 다른 의문이 고개를 들기 시작했습니다. 나는 이 일이 좋아서, 사랑해서, 미쳐서 선택한 건 아니었고 어쩌다 보니 취업을 하려고 선택했다는 것, 그리고 내가 인생을 걸고 오래도록 이 일을 하려면 이 일을 뜨겁게 사랑해야 할 것 같은데 나는 그럴 것 같지 않다는 허무감을 느끼게 된 것입니다. 그런 마음은 사실 일을 시작하면서부터 늘 가지고 있었기 때문에 가슴 한구석이 항상 허전했습니다. 결혼으로 치자면 중매결혼을 하듯이 시작한 일이었다는 생각이 든 것입니다. 중매결혼을 비하하는 게 아니고, 이를테면 이런 것입니다. 나이가 꽤 든 어떤 여자가 나이가 있다 보니 적당하게 조건을 좀 따져서 저 정도면 배우자로 괜찮겠구나 하고 결혼을 했습니다. 하지만 자기가 이 남자를 사랑해서 선택한 건 아니라는 안타까움과 머뭇거림이 마음 한구석에 있었던 것입니다.

그런 허무함을 갖고 살아가던 어느 날, 문득 그런 것만은 아니라는 생각이 저를 일으켜 세워줬습니다. 아직 결혼은 안 했지만 비유를 하자면, 제 옆에 10여 년을 같이 산 어떤 남자가 있는데 그럭저럭 나쁘진 않지만 저 남자를 정말 사랑한 건 아니었다는 마음이 있었습니다. 그런데 어느 날 갑자기 깨달은 것입니다. 내가 사실은 이 사람을 마음을 다해 사랑해왔다는 것을요. 마찬가지로 지금 하고 있는 일도 미친 듯이 사랑해서 시작하지는 않았지만, 10여 년간 공들이고 애쓰는 사이에 이 일을 사랑하게 되었다는 것을 알게 된 것입니다.

《어린 왕자》에 보면, 내가 애를 쓰고 시간을 들여서 소중한 것이라는 이야기가 나옵니다. 광고라는 게 아이디어를 내는 일입니다. 단 한 번도 시키는 대로 하라는 이야기를 듣지 않아요. 오히려 시키는 대로 하지 말고 너만의 생각을 이야기해보라는 요구를 듣습니다. 물론 힘이 듭니다. 아이디어가 그렇게 잘 나오지 않으니까요. 그렇지만 여러분, 한번 생각해보십시오. 자신의 아이디어를 가지고 대중과 소통하면서 표현하는 일이 세상에 얼마나 되는지에 대해서요. 후배들이 가끔 저한테 물어봅니다. 선배는 어떻게 이 일을 28년씩이나 했느냐고요. 저도 어떻게 이 일을 이렇게 오래할 수 있었는지 생각해봅니다. 제 결론은, 생각하고 표현하는 일을 저 스스로가 하고 싶었고 그 일을 할 수 있게 해준 데

최인아

가 광고 회사였다는 것이었어요. 만약 영업을 하거나 무엇을 많이, 빨리 만드는 일을 했다면 지금까지 이 자리에 있을 수는 없었을 것입니다. 제 생각을 이야기하고 제 언어로 표현해내는 일이 진심으로 하고 싶은 일이었고, 그런 이유로 제가 이 일을 정말 좋아한다는 사실을 10년이 걸린 끝에 받아들일 수 있었습니다. 10년 만에 광고를 제 일이라고 생각한 것입니다.

사람에 따라서는 어떤 일을 할 때 조건이 괜찮으면 그것을 자기 업이라고 받아들이는 사람도 있습니다. 나쁜 판단이라고 생각하지 않습니다. 그런데 그게 안 되는 사람도 있습니다. 그러니까 여러분 스스로가 어떤 사람인지 먼저 알아야 하는 것입니다. 결국 내가 어떤 인생을 살 것인가 하는 어려운 질문은, 실은 내가 어떤 사람인지를 아는 것에서부터 시작됩니다.

그래도 모르겠다면, 제가 종종 사용하는 방법인데, 믿을 만한 선배나 멘토를 찾아가 이야기를 한번 해보십시오. 듣는 사람이 특별한 해법을 주진 않지만, 이야기를 하면서 자연스럽게 이 문제는 어떻게 하면 되겠다는 생각을 스스로 하게 될 것입니다. 그것이 어떻게 가능하냐면, 선생님이나 선배에게 고민을 이야기하려면 먼저 머릿속에 헝클어진 생각을 정리하고 요약해야 합니다. 그래야 그 사람이 내 고민을 알 수 있으니까요. 들어줄 사람에게 내 고민을 이야기하는 과정에서 머릿속에 복잡하게 얽혀 있던 이야기를 스스로 정리하게 된다는 것입니다. 그래서 들어주는 사람이 해답을 나한테 주진 않았지만 이야기를 하고 나면 풀릴 수 있습니다. 그냥 스트레스가 풀려서가 아니라 힌트가 생기는 것입니다.

또는 고민을 글로 한번 적어보십시오. 머릿속에 있는 생각을 손으로 적을 뿐이지만 그 과정에서 객관화가 됩니다. 머릿속에 있을 때하고는 달리 노트에 적힌 것은 새로운 사실을 보여줄 때가 왕왕 있습니다. 저도 카피를 쓰다가 잘 안 풀릴 때 지금 무엇 때문에 고민하는지를 써보면 고민의 정체가 좀 더 명확하게 드러나곤 합니다. 그것이 드러나면 해법은 의외로 간단합니다. 그 다음은 해법대로 하면 됩니다.

최인아

진짜 프로로 가는 핵심 키워드,
하. 면. 된. 다.

O

《생각 버리기 연습》이라는 책을 혹시 보셨습니까? 그 책에서는 스트레스의 주범이 생각하는 것이라고 말합니다. 운동해야 되는 데, 다이어트해야 되는데, 영어 공부해야 되는데 하면서 막상 하지는 않습니다. 하면 되는데! 그러니까 친구를 만나면서도 머릿속에서는 공부해야 된다는 걱정을 합니다. 하는 것이 해법입니다. 그러면 하면 좋긴 한데 했다가 아니면 어떻게 하느냐고 되물을 수도 있습니다. 더군다나 직업을 구하는 일인데 몇 년씩 했다가 아니면 어떡하느냐는 걱정을 할 법해서 제가 한번 답을 생각해봤습니다.

한때 대한민국에서 잘나갔던 한 가수의 이야기를 드리겠

습니다. 1970년대 후반 1980년대 초반 인기 정상을 달리던 가수였습니다. 그런데 이분이 서른 살까지 가수를 하다가 그만두고 그림을 공부하러 유학을 갔습니다. 이분의 이야기를 다룬 기사가 저에게 굉장히 많은 영향을 주었습니다. 이분이 서른 살까지 가수 활동을 했다는 것이 무엇보다 인상적이었습니다. 그 당시는 여자 나이로 서른 살이라고 하면 꽤 많은 나이였는데, 이 사람은 다른 길을 서른까지 걸어봤던 것입니다. 일종의 투자인 셈입니다. 사업가들은 돈을 투자합니다. 청년은 시간을 투자하는 것입니다. 자기가 장래에 인생을 걸고 할 일이 무엇인지 알아보려면 시간을 들여서 한번 해보는 것입니다. 이분의 이야기를 보면서 저도 서른 살까지 지금의 일을 해보자고 마음먹었습니다. 서른 살까지 해보고 아니면 어떡하지? 다시 시작하는 거지! 왜냐하면 내가 인생을 걸고 할 일을 찾는 거니까. 몇 년 잠깐 하다가 결혼하려고 하는 게 아니라 내 인생을 걸고 할 일이라면 몇 년쯤 시간을 투자하자고 다짐했습니다.

기성세대인 제가 보기에 청춘의 특권은 실패해도 만회할 시간이 있다는 것입니다. 시간을 투자해서 모색하고 시도해보기

최
인
아

프로페셔널이라는 것은
내가 여자든 남자든, 예쁘든 못생기든,
나이가 젊든 늙든, 흑인이든 백인이든,
그 일을 위해서는
나를 쓸 수밖에 없는 능력입니다.

바랍니다. 다만 추천하고 싶지 않은 것은 있습니다. 직업을 구할 때 어느 것이 유리할지 재고 견주어보는 것은 결단코 하지 말라고 이야기하고 싶습니다. 일단 인간의 머리로 무엇의 유리하고 불리함을 따진다는 것이 정확히 맞지도 않습니다. 왜냐하면 우리가 사는 세상이 복잡합니다. 나비효과라는 말 아시죠? 수십만 킬로미터 떨어진 지구 저쪽의 나비 한 마리가 저한테 영향을 미칩니다. 어떻게 그 모든 변수를 다 고려해서 몇 년 후에 무엇이 유리할지 불리할지 알 수 있겠습니까. 대학에 입학할 때도 많은 신입생이 겪는 일입니다. 입학할 때는 유리할 것 같아서 어떤 과를 선택했는데 졸업할 때쯤 되면 이미 그 과의 유행이 다 지나가 버렸을 수도 있습니다.

인생의 난코스는 끝이 없다.
하지만 막다르진 않다

◘

이렇게 해서 지금의 일을 인생의 업으로 받아들였는데, 어려운 일이 또 하나 남아 있었습니다. 제가 졸업하고 사회에 첫발을 내딛은 해가 1984년입니다. 학교에서는 여자나 남자나 같다고 배웠습니다. 그런데 사회에 나와서 겪어보니까 '같다'가 아니라 '같아야 한다'는 것이 현실이었습니다. 인구의 절반이 여자인데 그 당시 사회에서 일하는 여자는 소수였습니다. 여자는 힘도 없고 숫자도 적고 무언가 능력이 떨어지는 존재로 인식되고 있었습니다. 그런 인식을 그대로 받아들일 수는 없었습니다. 그래서 극복하는 방법으로 생각한 해법이 프로페셔널이었습니다.

사람들은 프로라고 하면 몸값 많이, 제대로 받고 일하는 것을 생각합니다. 당시 저한테 프로페셔널이라는 것은 내가 여자든 남자든, 예쁘든 못생기든, 나이가 젊든 늙든, 흑인이든 백인이든, 그 일을 위해서는 나를 쓸 수밖에 없는 능력이었습니다. 이것이 제가 생각했던 프로페셔널이고 거기에 기대서 불리한 조건을 헤쳐 나갈 수 있었습니다. 더불어 제가 만든 광고 중에 "그녀는 프로다. 프로는 아름답다"라는 카피가 나올 수 있게 해주기도 했습니다.

세상이 참 묘한 것이, 여성이라는 불리한 조건을 10년 정도 견디니까 자동으로 나중에 저라는 존재가 부각되면서 오히려 차별화가 되었습니다. 마케팅의 기본은 나라는 존재를 타자로부터 구분하고 차별화하는 것입니다. 일을 하다 보니까 여자라는 이유로 제가 내놓은 아웃풋이 남자들과 비슷하기만 해도 훨씬 부각되었습니다. 그때나 지금이나 광고계는 경쟁이 매우 치열해서 100억, 200억 하는 광고주의 경우에는 대여섯 군데 광고 회사가 경쟁 프레젠테이션을 합니다. 그리고 한 회사에 보통 프리젠터가 두세 명씩 나와요. 실제 있었던 일인데, 여섯 군데 광고 회사가 프레젠테이션을 하면 프리젠터만 한 15명이 됩니다. 광고주 입장에서 보면 나중에 누가 무슨 이야기를 했는지 잘 기억이 안 납

최
인
아

니다. 다 남자가 했는데 '여자가 한 프레젠테이션'이라는 게 저를 구분시켜주어서 광고를 만들 수 있었던 적도 있습니다.

　그 후로 최초라는 타이틀이 제게로 오기 시작했습니다. 대리는 보통 4년만 지나면 달아주는 것인데, 선배 중에 여자 대리가 없었습니다. 제가 다 처음이 되었습니다. 최초라고 하는 것, 첫 번째라고 하는 것이 1등이라는 뜻이라고 생각하지는 않습니다. 첫 번째라고 하는 것은 단지 순서상 두 번째, 세 번째보다 앞섰다는 것이 아니라, 그 첫 번째가 생기기 전까지는 불가능하다고 생각되던 것이 그렇지 않다는 것을 입증하면서 희망을 만드는 존재입니다. 저는 제가 샘플이 되어서 뒤에 올 후배들에게는 여자라는 이유로 차별받지 않게끔 해야겠다는 생각을 했습니다. 박세리가 말해주잖아요. 그녀가 나오기 전까지는 미국 LPGA에 가서 한국 여자가 골프로 겨루리라고 누가 생각했겠습니까. 그녀가 처음으로 뛰어들어 우승을 했고, 이후로 수많은 박세리 키즈가 나왔습니다. 그래서 요즘도 한국 여자 골퍼 하면 누구를 떠올리나요? 박세리입니다. 그게 첫 번째로 그 길을 걸은 사람, 그렇게 해서 길을 열어주는 사람이 누리는 영예인 것 같습니다.

저는 늘 쓸데없이 심각하고 진지한 편인데, 그래서인지 몰라도 제게 인생이란 봉우리 같은 존재였습니다. 꼭대기에 올라가야 한다는 의미에서가 아니라 넘어야 하는 존재라는 점에서 그랬습니다. 여자라는 봉우리를 넘었다 싶었을 때, 그것 못지않게 큰 봉우리가 제 앞을 가로막았습니다. 바로 나이 든다는 봉우리였습니다. 우리의 일터는 나이 드는 것을 환영하지 않습니다. 나이가 들면 휴직을 하고 안식년을 가집니다. 사실 임원들이 1년씩 회사를 떠나는 것은 쉽지 않습니다. 갔다 오면 자리가 없어질 수도 있고, 한 달이 멀다 하고 바뀔 정도로 사이클이 빠른 광고계에서 1년씩이나 일을 안 한다는 것은 큰 타격입니다.

하지만 휴직을 하고 산티아고에 갔습니다. 산티아고는 가톨릭교도들의 순례 코스에 있는 에스파냐의 도시입니다. 그 순례 코스는 프랑스 남부에서 에스파냐 서부까지 800킬로미터 정도가 됩니다. 배낭을 지고 하염없이 걷습니다. 저도 800킬로미터를 다 걸었습니다. 많이 걸은 날은 하루에 36킬로미터, 적게 걸은 날은 20킬로미터쯤 걸었습니다. 걸으면서 끊임없이 생각했습니다. 저는 이전까지 생각은 책상 위에서 하는 것인 줄 알았는데 아니었습니다. 생각은 온몸으로 하는 것이었습니다. 제 어깨는 배낭을 받치고 제 발바닥은 물집이 불어 터질 때까지 제 몸을 지탱하는 상황에서, 제 머리가 생각의 장을 내주는 것이었습니다. 그러면 온갖 생각이 교차하다가 정리가 됩니다.

그러면서 결국 나이 드는 것에 대해 무릎 꿇고 싶지 않다는 생각이 저에게 있었다는 것을 알게 되었습니다. 그리고 아직은 제 안에 광고, 회사, 후배들에 대한 사랑이 많이 있다는 사실도 깨달았습니다. 그래서 돌아가자는 마음을 먹고 앞으로는 꼭 내가 잘하는 것만이 능사가 아니라고 생각을 매듭지었습니다. 마음의 짐을 좀 내려놓은 것입니다. 돌아온 후로는 회사에서 제 이름으로 카피를 쓰고 있지는 않습니다. 그 대신 후배들이 스타가 될 수 있는 기회를 마련하고 인재를 발굴하는 일을 합니다.

청춘은
흔들리면서 간다

◻

이따금 젊은 친구들에게 듣는 이야기 중에 보장만 있다면 뭐든지 할 것 같다는 말이 있습니다. 냉정하게 이야기하면 세상에 보장 같은 것은 없습니다. 세상에 성공한 사람이 왜 소수일지 생각해본 적 있습니까? 가로축이 시간이고 세로축이 성취라고 한다면 성과는 시간에 비례해서 올라가지 않습니다. 일정 시간 동안은 성과가 되는지 안 되는지 알 수 없도록 머물러 있습니다. 그런데 이 과정에서 많은 사람이 그만두고 포기합니다. 운동, 영어 공부, 다이어트. 많은 것이 그렇습니다. 일주일이나 한 달을 해서 실력이 느는 것 같고 몸무게가 빠지는 게 느껴지면 계속할 수 있습니다. 안타깝게도 보통은 변화가 금방 느껴지지 않습니다. 그러다 보니 효과가 없는 것이 아닌가 싶어집니다. 결국 포기합니다. 저

최
인
아

는 그 과정이 단단한 소수를 고르려는 우주의 선택이 아닐까 하고 생각합니다. 성취나 성공은 불확실성을 견뎌내고 침묵의 구간을 이겨낸 사람들이 도달하는 것이라고 생각합니다.

그래서 여러분께 강조하고 싶습니다. 스펙이 경쟁력이 아닙니다. 불확실성을 이겨내는 튼튼한 심장과 태도가 경쟁력입니다. 스트레스 자체가 문제가 아닙니다. 왜 똑같은 스트레스를 받아도 누구는 그저 힘들어하고 누구는 넘겨내죠? 스트레스에 어떻게 반응하느냐가 태도이고, 저는 이 세상에 성취를 이뤄가는 사람들의 절반은 태도 자체가 경쟁력이었다고 봅니다. 여러분, 계산하지 말고 일단 하십시오.

정리해보겠습니다. 불확실하니까 두렵고 불안하고 계산을 하는데, 그 과정에서 많은 사람이 꿈을 포기합니다. 그런데 어떤 사람들은 그럼에도 불구하고 나아갑니다. 여기에서 '그럼에도 불구하고'가 중요합니다. 많은 사람이 '그래서 안 된다', '그래서 할 수 없다', '그래서 포기한다'라고 종결짓는 흐름 안에서 어떤 사람들은 그럼에도 불구하고 합니다. 그것도 세상이 만들어놓은 스펙 같은 것에 맞추는 게 아니라 내가 가진 것을 세상이 원하는 방식으로 합니다. 그 '어떤 사람들'이 되기 위해, 내 방식으로 무엇을 하려면 자기를 들여다보는 자기 성찰이 필요하다는 말씀을 드렸습니다. 그래서 여러분의 시기는 방황하고 시도하고 모색해서 길을 찾는 시기이며, 지금 불안한 것은 너무도 당연하지만 해보라는 조언을 드린 것입니다.

　　세상의 모든 길은 다 자기 길입니다. 자기 자신의 길을 가는 것입니다. 그리고 그것이 자기의 인생이 됩니다. 이렇게 이야기해도 여러분이 여전히 두렵다면 시를 한 편 소개하겠습니다. 혼자만 흔들리는 것이 아니라 옆 사람도 다 흔들린다면, 모두가 흔들리면서 갔다고 하면 여러분의 마음이 좀 놓이지 않겠어요? 흔들리고 두렵거든 도종환 선생의 〈흔들리며 피는 꽃〉이라는 시를 한번 곱씹어보면 좋겠습니다. 용기를 가지십시오.

Q. "당신의 능력을 보여주세요"라는 카피로 유명하신데, 이 카피가
나오게 된 배경이나 에피소드가 있나요?

광고가 텔레비전에 나오게 하기 위해 클라이언트에게 저희 아
이디어를 프레젠테이션합니다. 설득이 되어야 집행이 가능해지는 것
입니다. 그래서 질문하신 그 아이디어를 가지고 당시 삼성카드 사장
님께 프레젠테이션을 하러 갔습니다. 그런데 보통의 경우는 광고 회
사가 아이디어를 하나만 가져가지 않습니다. A안, B안, C안 등 몇 가
지를 준비합니다. 어느 것이 걸릴지 모르니까 보험을 들듯이 안전 통
로를 마련해두는 것입니다. 그런데 저는 그때 이 아이디어에 확신이
있었습니다. 그래서 딱 하나만 가져갔습니다. 그리고 설명을 끝냈더
니 사장님이 왜 아이디어가 하나밖에 없는지 물어보셨습니다. 그래
서 여러 가지를 검토했는데 이게 제일 좋고 확신이 들어서 하나만
제시했다고 말씀드렸더니, 그러면 이제껏 검토했던 것을 다 내놔보라
고 하셨습니다. 그래서 프레젠테이션을 하는 도중에 제가 카피를 썼

다 지웠던 것 10여 개를 쭉 보여드린 후에야 사장님이 허락을 하셨습니다. 운이 좋은 점도 있었습니다. 이때가 월드컵 때였잖아요. 이 광고가 처음 나갔을 때가 프랑스와 평가전을 할 때였는데 우리가 이 겼습니다. 그 상황에서 이 광고가 나가면서 히딩크 감독의 얼굴이 나오고 했으니까 효과가 상당히 좋았습니다. 하늘이 저를 많이 도왔던 것 같습니다.

Q. 제일기획은 다른 직책을 붙이지 않고 프로라고 부릅니다. 프로라고 부르게 된 이유는 무엇이고, 프로라고 부르게 된 이후에 직장 내의 변화가 있나요?

있다고 봅니다. 저희는 광고를 만들기 위해 아이디어를 계속 내는데, 아이디어에 부장급 아이디어, 대리급 아이디어가 따로 있는 건 아니잖아요. 자기 아이디어를 이야기할 때 '부사장님' 이렇게 말하면 좀 주눅이 들기도 합니다. 그래서 우리는 한 사람 한 사람이 모두 동등한 프로라는 마음으로 직급을 부르지 않습니다. 저도 그냥 최 프로입니다. 여기서 저 같은 사람이 하나 좋은 것은, 밑에 후배가 많으니까 언제 진급했는지 잘 모릅니다. 옛날 같으면 과장이 됐는데 대리라고 부르는 실수를 하기가 딱 좋거든요. 요즘은 쉽죠, 다 프로니까.

Q. 제일기획은 대한민국에서 가장 큰 광고기획사인 만큼 취업에 관심 있는 친구도 많습니다. 신입 사원을 뽑을 때 어떤 점을 가장 중요하게 보시나요?

이 이야기는 꼭 해드리고 싶습니다. 제가 면접관이어서 여러분이 제일기획에 지원하면 저하고 면접 자리에서 만날 수 있습니다. 밖에서 많이 오해하는 것 중 하나가 아까도 이야기했듯이 스펙을 따진다는 건데, 그것은 아닙니다. 어떤 사람을 찾느냐면 오리지널리티, 자기만의 콘텐츠, 자기만의 고민과 치열한 생각 끝에 얻은 생각이 있는 친구입니다. 그리고 면접을 해보면, 다 똑같이 주어진 시간이 비슷하고 처음 보는 사람인데 면접관들도 누구 이야기는 좀 더 주의 깊게 듣게 되고 누구 이야기는 그냥 지나치게 됩니다. 왜 이런 차이가 나는지 생각해봤는데, 결론은 자신만의 이야기가 있느냐 없느냐입니다. 우리가 말을 잘한다고 하는 게 말재주가 있다는 뜻이 아닙니다. 어떤 사안에 대해 고민을 해보고 생각을 해본, 자기 결론이 있는가가 중요합니다. 저희는 생각이 있는 사람, 자기 오리지널리티를 가진 사람들을 찾고 있습니다.

청춘이 묻고
삼성이 답하다

초판 인쇄 2012년 5월 7일
초판 발행 2012년 5월 18일

지은이 삼성그룹 커뮤니케이션팀 지음

펴낸이 강병선
편집인 황상욱

구성 조은호 **교정** 서영의 **디자인** 이현정
마케팅 이숙재 **온라인 마케팅** 이상혁 장선아
제작 안정숙 서동관 김애진 **제작처** 영신사

펴낸곳 (주)문학동네
출판등록 1993년 10월 22일
임프린트 휴먼큐브

주소 413-756 경기도 파주시 문발동 파주출판도시 513-8 2층
문의전화 031-955-1902(편집) 031-955-3578(마케팅) 031-955-8855
전자우편 forviya@munhak.com **트위터** @forviya

ISBN 978-89-546-1816-8 03320

www.munhak.com